STUDIES ON VOLTAIRE
AND THE
EIGHTEENTH CENTURY

186

General editor

HAYDN MASON

School of European Studies
University of East Anglia
Norwich, England

Belle de Zuylen by Maurice-Quentin de La Tour
Musée d'art et d'histoire, Geneva

C. P. COURTNEY

A PRELIMINARY BIBLIOGRAPHY OF ISABELLE DE CHARRIERE

(BELLE DE ZUYLEN)

THE VOLTAIRE FOUNDATION

AT THE

TAYLOR INSTITUTION, OXFORD

1980

ISSN 0435-2866
ISBN 0 7294 0240 1

Printed in England by Cheney & Sons Ltd,
Banbury, Oxfordshire

Contents

Introduction

⚓

THIS bibliography of the published writings of Isabella (Belle) Agneta Elisabeth de Charrière, née van Tuyll van Serooskerken (1740-1805) has grown out of editorial work on part of the edition of her *Œuvres complètes* which has been undertaken by the Dutch publisher G. A. van Oorschot (Amsterdam). Begun as a modest checklist, it has taken on larger proportions in response to editorial needs and an increased awareness of the extent of Isabelle de Charrière's writings.

The bibliographical article on mme de Charrière which Paul Usteri contributed to the *Biographie universelle* (1813, vol. viii) contains the earliest list of her published works. The article is of some historical importance in that it foisted on her, for no very obvious reason, the curious name 'de Saint-Hyacinthe de Charrière', which to this day can be found in many library catalogues. It also contains a number of bibliographical errors which were reproduced by Quérard in *La France littéraire* (1828, vol. ii) and have reappeared more recently in Cioranescu's *Bibliographie de la littérature française du dix-huitième siècle* (1969). Indeed, Cioranescu is so inaccurate that it is with some relief one turns back to the earlier bibliographies of Goedeke and Godet. Goedeke's list of translations of mme de Charrière (*Grundrisz zur Geschichte der deutschen Dichtung*, 1900, vol. vii) is particularly important in view of the fact that a number of her works were published first in German translation, and in some cases are known only in that form. Goedeke was one of the most reliable sources used by Philippe Godet to compile his own checklist of mme de Charrière's publications, which is to be found in the second volume of his authoritative and monumental *Madame de Charrière et ses amis* (1906) and remains the starting point for any serious bibliographical study of the subject.

Much recent bibliographical research on mme de Charrière has aimed primarily at filling gaps in Godet's list, either by discovering editions he did not record or by locating editions which he had known only through references given by the author or her contemporaries. Nowadays some of these gaps are not difficult to fill; modern printed catalogues and the existence of union catalogues in several countries give us an advantage which Godet did not enjoy. It is sufficient to consult the catalogue of the British Library or the *National union catalog*, or to make use of the resources of the Dutch, Swiss and German union catalogues, to add a significant number of items to the earlier lists. However, it must be confessed that several editions (marked with an asterisk in the summary of contents) have eluded diligent enquiry. The most regrettable omission is mme de Charrière's periodical, *Le Bavard* (item 21), which is as elusive today as when Godet searched for it in vain more than seventy years ago.

The aim of the bibliography is to describe all editions (including modern ones) of the works of Isabelle de Charrière which were first published during her lifetime and up to 1810. The terminal date, five years after her death, has been chosen to include two posthumous items: *Sir Walter Finch* (1806) and the letters published in the second part of Huber's *Sämtliche Werke* (1810). Since 1810 the only previously unpublished works of mme de Charrière to appear have been various shorter pieces, most of which are to be found in Godet's biography, and a volume of correspondence (*Lettres de Belle de Zuylen à Constant d'Hermenches*, Paris, Genève 1909). The bibliography does not include these posthumous works, nor does it list mme de Charrière's music. It also omits her numerous works in manuscript, which include plays, operas, prose fiction, poems, essays and a vast correspondence, all of which will be published in the *Œuvres complètes*.

The bibliography is arranged in a way which it is hoped will be found logical and convenient. I have, after some hesitation, decided to retain the German titles of works which have been published only in German translation; the author does not always give a clear indication of the French titles which she might have chosen. Since this is an author bibliography undertaken with editorial needs in mind, I have not hesitated to apply the degressive principle, giving full descriptions only of early editions which are editorially significant, or where this seemed necessary to distinguish editions from one another. The descriptions are in accordance with the standard Greg-Bowers practice.[1] I am aware that French readers would probably have preferred the system used by the late Theodore Besterman, but this, in my opinion, is ill-equipped to deal with cancels and the rather complicated preliminaries found in

---

[1] see Fredson Bowers, *Principles of bibliographical description* (Princeton 1949).

some of the editions described. I have found it necessary, for example, to retain the symbols π and χ, which have a precise meaning, rather than use the neutral [ ], which is generally preferred in France.[2]

I have given exact locations as far as possible (including class marks) for early editions, except for those in American libraries, where I have simply reproduced the appropriate NUC symbol. The early editions at Slot Zuylen are all in a showcase (which was kindly opened for my benefit); I locate them by the symbol Z. I do not give locations for modern editions, except for limited ones. Most of the items in European libraries (except Eastern Europe) I have inspected personally, though in some cases I have relied on descriptions kindly supplied by friends and colleagues. However, I have seen none of the editions in American libraries, and their inclusion in the bibliography should be taken as no more than additional locational information.

In listing reviews of mme de Charrière's works I have relied mainly on the references given by Goedeke and Godet. I have not made an exhaustive search for new material, but have been able to add a few reviews overlooked by Goedeke and have added some new information from *Klio* and *Beiträge zur Geschichte der französischen Revolution*, which were edited by mme de Charrière's friend and translator Huber and are invaluable sources for the bibliographer.

The bibliography is 'preliminary' in the sense that it is a provisional survey or *état présent* of our knowledge of the published writings of mme de Charrière. It is preliminary to the van Oorschot edition of the *Œuvres complètes* only in the sense that it predates it; it is in no way an official part of the edition and should be taken as no more than a personal contribution for which I am alone responsible. A definitive bibliography of mme de Charrière will hardly be possible until the editors have published her correspondence which will undoubtedly be a rich mine of information on the composition and publication of her works.

Additional information which might contribute to a list of addenda or corrigenda will be gratefully received.

Christ's College   C.P.C.
Cambridge

[2] in giving the dimensions of cut copies where uncut copies have not been available, I have followed the practice of W. B. Todd, *A bibliography of Edmund Burke* (London 1964). I use the term 'Oxford rule' in preference to 'thick-thin rule'.

Acknowledgements

In preparing this bibliography I have been fortunate in receiving generous assistance from many sources. I am grateful to madame Simone Dubois and m. Pierre H. Dubois for their general interest in the work and for calling my attention to a number of editions and locations which I had overlooked. I am also grateful for information on many points to professor Vivienne Mylne, professor R. A. Leigh and mr David Gilson. I am indebted to m. J.-D. Candaux for stimulating criticism of an earlier draft and for information on a number of items of whose existence I was unaware. Very special thanks are due to dr Dennis M. Wood, who checked some of my descriptions at Neuchâtel and very kindly placed at my disposal his detailed knowledge of the different texts of mme de Charrière's novels.

The published books and articles to which I am indebted are listed at the end of the bibliography. I also wish to thank the numerous librarians and members of library staff who with unfailing courtesy answered my enquiries and allowed me to inspect editions of mme de Charrière's works. For research grants which enabled me to visit a large number of libraries, I am grateful to the University of Cambridge and Christ's College.

The photographic reproductions of title pages are published by kind permission of: the Bibliothèque publique de la ville de Neuchâtel; the University Library, Cambridge; the British Library, London; and the Koninklijke Bibliotheek, The Hague. The reproduction of La Tour's portrait of Belle de Zuylen (1766) is published by kind permission of the Musée d'art et d'histoire, Geneva.

List of abbreviations

Libraries

A	Universiteitsbibliotheek, Amsterdam
Aa	Aargauische Kantonsbibliothek, Aarau
AR	Bibliothèque de l'Arsenal
B	Schweizerische Landesbibliothek, Bern
BCU	Bibliothèque cantonale et universitaire, Lausanne
BIR	University of Birmingham
BL	British Library
BN	Bibliothèque nationale
BPL	Bibliothèque des Pasteurs, Lausanne
BPU	Bibliothèque publique et universitaire, Geneva
BR	Bibliothèque royale Albert 1er, Brussels
BSM	Bayerische Staatsbibliothek, Munich
Bx	Bibliothèque municipale, Bordeaux
C	University Library, Cambridge
Ca	Bibliothèque municipale, Cahors
CLU	University of California
CLU-C	William Andrews Clark Memorial Library, University of California
CtY	Yale University
DeGe	Eleutherian Mills Historical Library, Greenville, Delaware
DLC	Library of Congress
DSB	Deutsche Staatsbibliothek, Berlin
E	Edinburgh University Library
Er	Universitätsbibliothek, Erlangen-Nürnberg
FU	University of Florida
G	Niedersächsische Staats- und Universitätsbibliothek, Göttingen
Gr	Universitätsbibliothek, Greifswald
H	Koninklijke Bibliotheek, The Hague
Hei	Universitätsbibliothek, Heidelberg
IEN	Northwestern University
IU	University of Illinois

List of abbreviations

JRM	John Rylands University Library, Manchester
L	Bibliotheek der Rijksuniversiteit, Leyden
Lei	Universitätsbibliothek, Leipzig
LU	Zentralbibliothek, Lucerne
Mar	Deutsches Literaturarchiv, Schiller-Nationalmuseum, Marbach a. N.
MH	Harvard University
MiEM	Michigan State University
Mo	Bibliothèque municipale, Morges
N	Bibliothèque publique de la ville, Neuchâtel
NjP	Princeton University
NLH	Niedersächsische Landesbibliothek, Hanover
NLS	National Library of Scotland
NN	New York Public Library
OClW	Case Western Reserve University
OLak	Lakewood Public Library, Ohio
Oron	Bibliothèque du château d'Oron, Oron-le-Châtel, Vaud
OT	Taylor Institution Library, Oxford
PPL	Library Company of Philadelphia
S	Bibliothèque nationale et universitaire, Strasbourg
SA	Universitäts- und Landesbibliothek Sachsen-Anhalt, Halle
ScU	University of South Carolina
StG	Stadtbibliothek Vadiana, St Gallen
T	Universitätsbibliothek, Tübingen
UB	Universitätsbibliothek, Berlin
V	Österreichische Nationalbibliothek, Vienna
VP	Bibliothèque historique de la ville de Paris
WSL	Wiener Stadt- und Landesbibliothek, Vienna
Y	Bibliothèque municipale, Yverdon
Z	Slot Zuylen, Maarssen (Utrecht)

Periodicals

AL	*L'Année littéraire*
ALZ	*Allgemeine Literatur-Zeitung*
BGFR	*Beyträge zur Geschichte der französischen Revolution*
EJ	*L'Esprit des journaux françois et étrangers*
JE	*Journal encyclopédique*

List of abbreviations

JGF   *Journal général de France*
JL   *Journal de Lausanne*
JLL   *Journal littéraire de Lausanne*
JP   *Journal de Paris*
LZ   *Litteratur-Zeitung*
MF   *Mercure de France*
NADB   *Neue allgemeine deutsche Bibliothek*
OAL   *Oberdeutsche allgemeine Litteraturzeitung*

Note: Other periodicals are referred to by their short title. Most of the relevant articles and reviews in the journals cited above have been located by Goedeke and Godet, and have been reprinted by J.-D. Candaux, 'Madame de Charrière devant la critique de son temps', *Documentatieblad*, Nr.27-29 (Juni 1975), pp.193-276.

Works of reference

Cioranescu.   A. Cioranescu, *Bibliographie de la littérature française du dix-huitième siècle*, Paris 1969. 3 vols.

De Jong.   Dirk de Jong, *Het vrij boek in onvrije tijd. Bibliografie van illegale en clandestiene bellettrie*, Leiden 1958.

Godet.   Ph. Godet, *Madame de Charrière et ses amis, d'après de nombreux documents inédits (1740-1805)*, Genève 1906. 2 vols.

Goedeke.   Karl Goedeke, *Grundrisz zur Geschichte der deutschen Dichtung aus den Quellen*, zweite Auflage, Bd. v, Dresden 1893; Bd. vii, Dresden 1900.

Heinsius.   W. Heinsius, *Allgemeines Bücher-Lexicon*, Leipzig 1793, 4 vols; supplement by F. Bruder, Leipzig 1798; continued, Leipzig 1812-1894. 19 vols.

Kayser.   C. G. Kayser, *Index locupletissimus librorum ... Vollständiges Bücher-Lexicon*, Bd. i-vi, Leipzig 1834-1836.

NUC   *National union catalog.*

Quérard.   J.-M. Quérard, *La France littéraire*, vol.ii, Paris 1828.

Summary of contents

17

f   Lausanne: Editions des Lettres de Lausanne, [1928]
g   Rosières: Mangart [=The Hague: Stols], 1944
h   Utrecht: De Roos, 1952
i   Dutch translation, Amsterdam: Meulenhoff, [1975] (=item 33)
j   Danish translation, [Copenhagen], 1976

4   *Lettres écrites de Lausanne* (1) and *Caliste* (2)

a(1)   Toulouse [=Geneva], 1785
b(1)   Genève-Paris: Buisson, 1786
c(1–2)   Genève-Paris: Prault, 2 vols, 1787
d(2)   Genève-Paris: Prault, 1787
e(1–2)   Genève-Paris: Prault, 2 vols, 1788
f(1–2)   Genève-Paris: Prault, 1 vol. 12°, 1788
*f*bis   Genève: Barde, Manget & Comp., [1788]
g(1–2)   German translation, Bayreuth, 1792
h(1)   English translation, London: Dilly, 1799
h*bis*   *Nouvelle bibliothèque universelle des romans*, 1799
i(1–2)   Genève: Paschoud, 2 vols, 12°, 1807
j(1–2)   Genève-Paris: L'Huillier, 2 vols, 1807
k(1–2)   Genève: Manget et Cherbuliez, 2 vols, 1807
l(1–2)   Paris: Labitte, 1845
m(2)   Paris: Hachette, 1853
n(1–2)   Genève: Jullien, 1907
o(2)   Paris: Sansot, 1909
p(1–2)   English translation, London, New York, 1925 (=item 30)
q(2)   Dutch translation, Amsterdam: Veen, 1942
r(1–2)   [Lausanne]: Editions Rencontre, 1970

5   *Observations et conjectures politiques*

a   Verrières: Witel, [1787-]1788
b   Verrières: Witel, 1788
c   Paris, 1788
d   Paris, 1788
e   *Tirade*, Amsterdam: van Oorschot, 1970

6   *Les Phéniciennes*

a   Neuchâtel: Société typographique, 1788

Summary of contents

16 *Der Trostlose*

a *Friedens-Präliminarien*, Berlin: Voss, 1794
b Berlin: Voss, 1794

17 *Eitelkeit und Liebe*

a *Neueres Französisches Theater*, i, Leipzig: Wolf, 1795
*b Leipzig: Wolf, 1795
b*bis* *Neue Sammlung Deutscher Schauspiele*, Graz, 1798
c *Neueres Französisches Theater*, i, Frankfurt a.M.: Sauerländer, 1819
*d Frankfurt a.M.: Sauerländer, 1819

18 *Trois femmes*

a German translation, Leipzig: Wolf, 1795
b Londres: Deboffe & Dulau, 2 vols, 1796
c Paris [& Lausanne]; Mourer et Pinparé, 2 vols, 1797
d Paris, 2 vols, 1797
e Leipsic: Wolf, 1798 (=item 28.a)
f Paris: Nepveu, 1808 (=item 28.b)
g Paris: Nepveu, 1809 (=item 28.d)
h German translation, Frankfurt a.M.: Sauerländer, 1819
i German translation, Leipzig: Wolf, 1822
j Lausanne: Lonchamp, 1942
k [Lausanne]: Bibliothèque romande, 1971 (=item 32)

19 *Honorine d'Userche*

a German translation, Leipzig: Wolf, 1796
b Leipsic: Wolf, 1798 (=item 28.a)
c Paris: Nepveu, 1808 (=item 28.b)
d Londres: Colburn, 1808 (=item 28.c)
e German translation, Frankfurt a.M.: Sauerländer, 1819
*f Frankfurt a.M.: Sauerländer, 1819

20 *Du und Sie*

a *Neueres Französisches Theater*, ii, Leipzig: Wolf, 1796
*b Leipzig: Wolf, 1796

b*bis* *Neue Sammlung Deutscher Schauspiele*, Graz, 1798
c   *Neueres Französisches Theater*, ii, Frankfurt a.M.: Sauerländer, 1819
d   Frankfurt a.M.: Sauerländer, 1819

21   *Le Bavard*

*a   [1797]

22   *La Nature et l'art*

a   Paris [=Neuchâtel: Fauche-Borel], 1797

23   *Réponse à l'écrit du colonel de La Harpe*

a   1797

24   *Les Ruines de Yedburg*

a   German translation, *Flora*, Tübingen: Cotta, 1798
b   Leipsic: Wolf, 1799 (=item 28.a)
c   German translation, Leipzig: Weigel, 1801
*d   German translation: Hinrichs, 1806
e   Paris: Nepveu, 1808 (=item 28.b)
f   Londres: Colburn, 1808 (=item 28.c)

25   *Sainte-Anne*

a   Leipsic: Wolf, 1799 (=item 28.a)
*b   German translation, Leipzig: Weigel, 1800
*c   German translation, Leipzig: Hinrichs, 1806
d   Paris: Nepveu, 1808 (=item 28.b)
e   Londres: Colburn, 1808 (=item 28.c)

26   *Briefwechsel zwischen der Herzogin von *** und der Fürstin von ****

a   *Vierteljährliche Unterhaltungen*, Tübingen: Cotta, 1804

27   *Sir Walter Finch et son fils William*

a   Genève: Paschoud, 1806

2   *Collections*

3   *Works of other writers containing pieces by I. de Charrière*

I

Separate works

1   *Le Noble*   1763

1.a   *Le Noble. Conte*

Journal étranger. Combiné avec l'Année littéraire. Août 1762. No.8. A, Amsterdam, chez E. van Harrevelt, M.DCC.LXIII, pp.540-74.

Note: The work was published anonymously. There is probably some deliberate mystification in the brief editorial note (p.540, note *a*), which hints that the author is a woman: '[. . .] en relisant le Conte, nous avons plûtot pensé que l'Auteur, loin de se cacher, trahissoit son sexe au contraire, par cette légéreté, cette naïveté & ces graces badines, que la négligence même pare & embellit'.

The precise date of publication is not established. Since E. van Harrevelt's journal was a reprint of the two French periodicals mentioned in the title (along with some original material from Dutch sources), it was necessarily published later than the originals. The *Avertissement* to the first number gives some information on this point: 'Le Volume du mois de Janvier 1762, qui ne paroit qu'au présent mois de Juillet sera promptement suivi des Volumes de Février, Mars, Avril, &c. jusqu'à ce que l'on soit au niveau de l'Edition originale, ce qui ne tardera pas par les mesures que l'on a prises à cet effet; puis chaque mois suivra réguliérement'. In fact nos 1-7 (janvier-juillet 1762) were published in 1762, nos 8-9 (août-septembre 1762) in 1763 and no.10 (octobre-décembre 1762) in 1764. The year of publication of each number is printed clearly on the title page. One might infer from this information that no. 7 was published at the end of 1762 and no.8 at the beginning of 1763. However, the delay which affected no.10 may have affected the two preceding numbers; all that can be said with certainty is that the number containing *Le Noble* was published in 1763 and that it preceded the separate edition of the work which is described below (item 1.b). One might conjecture that the latter appeared late in 1763, since the author's first reference to the work (where she speaks of it as though it had just recently been published) is in the letter of 10 January 1764 to Constant d'Hermenches quoted below, item 1.b, note).

Copies: CtY, DSB, PPL, T(Kb 140 8°).

1.b   LE / NOBLE, / CONTE MORAL. / [*Oxford rule*] / *On ne ſuit pas toujours ſes Aïeux, ni ſon Pere* / LA FONTAINE. / [*Oxford rule reversed*] / [*device*] / A AMSTERDAM, / MDCCLXIII.

8º   (165 × 102 mm cut)   *² A-D⁸ E⁴ $5 signed (–E3, E4).

pp.[i] title, [ii] blank, [iii]-[iv] Avis de l'éditeur, [1]-69 text, [70]-[72] blank.

Catchwords: At end of each page of text.

Paper: white laid. *Watermark:* Pro Patria with letter B; countermark: monogram.

Note: The *Avis de l'éditeur* states that this is a reprint from the *Journal étranger*, août 1762, with corrections from the author's manuscript. The publisher is presumably E. van Harrevelt, as for item 1.a. According to F. H. Jacobi the present edition was withdrawn from circulation by the author's parents (letter of 6 December 1770 from Jacobi to Rey, quoted by de Booy and Mortier, item 1.j, p.164). Belle de Zuylen's own references to *Le Noble* reveal a characteristic amused detachment with regard to the work's anonymity: for example, she writes on 10 January 1764 to Constant d'Hermenches: 'On m'a beaucoup demandé si j'avais écrit le *Noble:* j'ai dit *non* aux uns et *oui* aux autres; mais, en confidence, je veux que cela soit toujours un soupçon dans le public, mais point une certitude' (Ph. Godet, *Lettres de Belle de Zuylen à Constant d'Hermenches, 1760-1775*, Paris, Genève 1909, p.43). The edition has been described by J.-D. Candaux, 'La première œuvre de Belle de Zuylen et son édition par F. H. Jacobi', *Musée neuchâtelois*, 3e série, 5e année (1968), pp.49-61.

Copies: E (mislaid; recorded as P.955/3), H (1159 G 50: with bookplate of Isabella van Haersolte; see below item 1.f, note), Hei, SA (AB 109 748).

See illustration.

1.c   LE / NOBLE, / *CONTE.* / — *Vous mettez la grandeur* / *Dans les blazons: je la veux dans le cœur.* / *L'Homme de bien, modeſte avec courage,* / *Et la Beauté ſpirituelle, ſage,* / *Sans bien, ſans nom, ſans tous ces titres vains,* / *Sont à mes yeux les premiers des Humains.* / VOLTAIRE, dans NANINE. Acte I. Sc. I. / [*device*] / LONDRES, / MDCCLXXI.

LE
NOBLE,
CONTE MORAL.

On ne fuit pas toujours fes Aïeux , ni fon Pere
LA FONTAINE.

A AMSTERDAM,

MDCCLXIII.

Item 1.b

Half-title:] LE / NOBLE, / *CONTE.*

8° (165 × 115 mm cut)   A-B⁸. $5 signed.

pp.[I] half-title, [II] blank, [III] title page, [IV] blank, v-VIII Discours préliminaire, dated '*Londres, le 2 de Novembre* 1770', [9]-32 text.

Catchword: 16 utile

Typography: A3 and A4 signed *3, *4 respectively.

Paper: white laid.   *Watermark:* FIN DE / PERIGORD.

Note: It has been established by messrs de Booy and Mortier (item 1.j below) that this edition is due to Friedrich Heinrich Jacobi and that it was published at Amsterdam by Marc-Michel Rey (see also J.-D. Candaux, 'La première œuvre de Belle de Zuylen et son édition par F. H. Jacobi', *Musée neuchâtelois,* 3e série, 5e année (1968), pp.49-61). The manuscript was sent to the printer on 6 December 1770, and the work seems to have been published in January 1771. The editor was anxious that his anonymity should be preserved: 'Vous ne direz *absolument à personne* [. . .] que je suis l'éditeur de cette brochure; il me feroit même plaisir qu'on ignorasse qu'elle sort de vos presses' (Jacobi's letter of 6 December 1770 to Rey, quoted by de Booy and Mortier, pp.164-65).

Jacobi would appear to base his edition on 1.a, and his text, with its numerous changes and cuts, was prepared without reference to the author. His 'Discours préliminaire' and a list of variants, collating item 1.b and the present edition, has been published by J.-D. Candaux in the same article.

De Booy and Mortier (p.166, n.4) have drawn attention to the fact that the work is attributed to Voltaire in a contemporary catalogue: 'Noble (le) Conte, par M. de Voltaire, 12. Lond. 1771. *br.*' (*Catalogue général des livres et ouvrages en tous genres de littérature, qui se trouvent chez Jean-Edme Dufour, imprimeur & libraire* (Maestricht 1774), p.219).

Copies: BN (pY² 2466), BPU (Br 1225 Rés).

1.d   Le Noble. Conte, Par Mᵐᵉ de Charières.
Bibliothèque choisie de contes, de facéties, et de bons mots. [. . .] *Tome deuxième. Contes nouveaux. Par une Société de Gens de Lettres. A Paris, Chez Royez, Libraire, Quai et près des Augustins.* M.DCC.LXXXVII, pp.5-49.

Half-title:] *Bibliothèque choisie de contes, de facéties, et de bons mots. Tome sixième de la collection.*

Note: This is basically a reprint of 1.a due to Edouard-Thomas Simon, editor of the *Bibliothèque choisie,* or to one of his contributors. The numerous textual changes cannot claim to have the authority of the author, whose name is misspelt in the title. The variants have been recorded by de Booy and Mortier (item 1.j), who ask tentatively whether the present text is derived from 1.c (which they had not seen). There is, in fact, no question of any such derivation: the changes introduced into the present text would appear to be entirely the responsibility of the anonymous editor. Reprinted in 1.f below.

Copy: BN (Y² 8551).

1.e   Le Noble. Conte, par Mme de Charières.
Bibliothèque choisie de contes, de facéties, et de bons mots. [. . .] Tome deuxième. Des Contes françois nouveaux. Par une Société de Gens de Lettres. A Paris, Chez Royez, Libraire, Quai des Augustins, à la descente du Pont-Neuf. M.DCC.LXXXVIII, pp.5-49.

Half-title:] *Bibliothèque choisie de contes, de facéties, et de bons mots. Tome cinquième de la collection.*

Note: This is a reissue of item 1.d.

Copy: BCU (M 1765).

1.f   Le Noble.   Conte

See item 29 (edited by Philippe Godet, 1908)

Note: Godet was aware of the existence of the 1763 and 1771 editions of *Le Noble* through references in the sale catalogue of the library of Ryklof Michaël van Goens published in Utrecht in 1776 (Godet, ii.401-402), but the only text to which he had access when preparing his own edition was item 1.d. All subsequent editions (except 1.j and 1.k) and translations are based on Godet's text.

   Ironically, Godet discovered a copy of the 1763 edition (item 1.b) shortly after the publication of his own. The following autograph inscription in the copy in H (listed above, item 1.b) is self-explanatory:

Ce livre, très rare, est le premier ouvrage publié par Isabelle van Tuyll (Madame de Charrière). Il appartient à Mademoiselle Isabelle van Haersolte, à Arnhem, qui l'a trouvé dans la Bibliothèque de son père & l'a relié elle-même. Elle m'a fait la grâce de me permettre d'en jouir ma vie durante. Il est convenu entre elle & moi qu'à ma mort, ce précieux volume sera remis à la Bibliothèque royale de la Haye. Il y sera sans doute accueilli (je souhaite que ce soit le plus tard possible!) avec d'autant plus d'empressement qu'aucune Bibliothèque publique de Hollande ne possède *le Noble*. Neuchâtel, décembre 1908. Philippe Godet.

1.g   The Nobleman

See item 30 (translation by S. M. Scott, 1925)

1.h   Belle de Zuylen (Madame de Charrière). *Le Noble.*   1943

168 × 117 mm   pp.VII, 27, [1].

Colophon: 'Ce petit roman a été achevé d'imprimer en octobre 1943 avec les caractères Bodoni par Claude Sézille à Paris pour le compte de l'éditeur Pierre Mangart à Rosières, Picardie. Le tirage est limité à 150 exemplaires en papier vélin blanc, numérotés de 1 à 150.'

Note: Published clandestinely during the German occupation of Holland by A. A. M. Stols (The Hague). De Jong, 980. The preface is an extract from Godet (item 1.f).

Copies: A, BL, BN, H, IEN, L, Z.

1.i   De edelman door Belle van Zuylen (vertaald door Anke Smit).

Nieuwe Rotterdamse Courant, 28-30 September, 2-5 October 1961.

1.j   *Le Noble. Conte*

J. Th. de Booy & Roland Mortier, 'Les années de formation de F. H. Jacobi, d'après ses lettres inédites à M. M. Rey (1763-1771) avec *Le Noble* de Madame de Charrière', *Studies on Voltaire and the eighteenth century* (1966), xlv.182-204.

Note: Reprint of item 1.a with variants from items 1.b and 1.d.

1.k   Madame de Charrière.   *Le Noble*, 1762 *(conte moral)*.

Les Romanciers libertins du XVIIIe siècle. Textes choisis et présentés par Jacqueline Marchand. Paris: Editions rationalistes, 1972.

('Lumières de tous les temps', vol.3).

On pp.69-93: reprint of text of item 1.j.

1.l   De edelman

See item 33 (translation by R. E. van Kuyk, 1975).

2   *Lettres neuchâteloises*   1784

2.a   [*Within a frame of double rules and typographic ornaments:*] LETTRES | NEUCHATELOISES. | *ROMAN.* | [*device*] | *AM STERDAM,* | [*Oxford rule*] | M.DCC.LXXXIV.

12°   (153×95 mm cut)   A-E¹² $6 signed.

pp.[1] title, [2] blank, 3-119 text, *Nota* on 119, [120] blank.

Catchwords: 24 mes   48 appris   72 autres   96 *revien-*

Typography: second line of title in hollow type.

Paper: white laid.   *Watermark:* R.

Note: In a letter written many years later to Taets van Amerongen mme de Charrière refers to the two 1784 editions of the work: 'J'étais allée à Genève, après avoir donné à un imprimeur bourreaudeur de Lausanne les *Lettres neuchâteloises,* et je dus les faire réimprimer' (undated, quoted by Godet, item 29.a, p.xv). The present edition is presumably the one due to the 'imprimeur bourreaudeur de Lausanne', and would appear to have been published in January or February 1784 (see item 2.b, note).

Copies: BCU (AA 5374, with contemporary manuscript corrections), BSM (P.o.gall 2583ᵐ), IU, N (ZR 669, ZR 907, ZR 980: three copies, of which the second listed belonged to Isabelle de Montolieu and later to Sainte-Beuve).

See illustration.

LETTRES

NEUCHATELOISES.

ROMAN.

AMSTERDAM,

M. DCC. LXXXIV.

Item 2.a

LETTRES

NEUCHATELOISES.

AMSTERDAM.

1784.

Item 2.b

2.b LETTRES / *NEUCHÂTELOISES.* / [*device*] / AMSTER
DAM. / [*triple rule with typographic ornament at each end*] / 1784.

12° (165 × 94 mm cut) A-E¹² F⁸ $6 signed (–F5, F6).

pp.[1] title, [2] prefatory note, [3]-134 text, [135] poem, [136] blank.

Catchwords: 24 manche: 48 de 96 elle 120 Nous

Paper: white laid. *Watermark:* heart and initials GE.

Note: That this is the revised edition is confirmed by the note on p.2:

L'EDITEUR des Lettres Neuchâteloises n'ayant vu ni la copie sur laquelle
ces Lettres ont été imprimées, ni les premières feuilles de l'impression, il s'est
glissé dans l'une & dans l'autre une grande quantité de fautes. On se flatte que
cette nouvelle édition, plus exacte, sera plus agréable aux Lecteurs.

This is presumably the Geneva edition referred to in mme de Charrière's
letter to Taets van Amerongen quoted above (item 2.a, note). Obvious
misprints have been corrected, stylistic changes made, asterisks replaced
in some cases by names of characters, and notes added to explain some
local terms. The text is followed by the poem, 'Peuple aimable de
Neuchâtel, / Pourquoi vous offenser d'une faible satire'.

In a letter which would appear to date from March 1784, mme de
Charrière wrote to her brother Vincent de Tuyll, at Utrecht: 'Je vou-
drais qu'il se présentât dans ce moment une occasion de vous envoyer les
Lettres Neuchâteloises dont il a paru une nouvelle édition il y a quinze
jours, et les Lettres de Mistriss Henley que l'on vend ici depuis avant-hier'
(*Catalogue de l'exposition Belle van Zuylen-Isabelle de Charrière,* 1974,
item 135). Vincent de Tuyll reports in a letter of August 1784 that he has
received 100 copies of the *Lettres neuchâteloises* along with 200 of
Mistriss Henley, and that he has negotiated with the Utrecht bookseller Spruyt for their sale at 8 and 6 sous respectively (Godet, i.299,
note 1). The edition was published at the author's expense and the
remainder was later acquired by the Parisian bookseller Buisson.
(Godet, i.388-89).

A review, presumably by Henri-David de Chaillet, was published in
his *Nouveau Journal de littérature et de politique de l'Europe, et surtout
de la Suisse,* i.425-38 (15 juin 1784).

Copies: A (434 G 31), B (L 4944(2), Philippe Godet's copy), BPL
(LL 2968), H (943 G 54), N (ZR 750f, Philippe Godet's copy, with

his poem, 'Réponse des Neuchâtelois à Madame de Charrière, 27 mars 1890', printed (=item 29a, p.108), attached to the bottom of p.135), Z. See illustration.

2.c   Lettres neuchâteloises, *publiées en 1784* par Mme de Charrière. Neuchâtel: Imprimerie de Petitpierre et Prince, 1833.

16°   pp.XXIII, 132.

2.d   Lettres neuchâteloises
Revue de Genève, 21 juin-30 juillet 1845.

2.e   Lettres neuchâteloises
See item 29 (edited by Philippe Godet, 1908)

2.f   Lettres neuchâteloises
See item 32 (Bibliothèque romande, 1971)

3   *Lettres de Mistriss Henley*   1784

3.a   LETTRES / *DE* / MISTRISS HENLEY, / *PUBLIÉES* / PAR SON AMIE. / [*rule*] / J'ai vu beaucoup d'hymens, &c. / LA FONTAINE. / [*rule*] / [*device*] / *GENEVE.* / [*triple rule with typographic ornament at each end*] / 1784.

12°   (168 × 102 mm cut)   A-C¹² D⁴ $6 signed (–D3, D4).

pp.[1] title, [2] blank, [3]-78 text, [79] blank, [80] Fautes à corriger.

Catchwords: 24 aussi   48 Les   72 Nous

Paper: white laid.   *Watermark:* heart and initials GE.

LETTRES

DE

MISTRISS HENLEY,

PUBLIÉES

PAR SON AMIE.

J'ai vu beaucoup d'hymens , &c.
LA FONTAINE.

GENEVE.

1784.

Item 3.a

Note: Published shortly after the second edition of the *Lettres neu-châteloises*. (See above, item 2.b, note). The typography and paper are the same as for item 2.b.

Copies: B (L 4940), BN (Y² 48945), BPU (Hf 896), MH, N (ZR 750c, Philippe Godet's copy), Z. Copies inspected have pen and ink corrections.

See illustration.

3.b   LE MARI / SENTIMENTAL, / *Ou le Mariage comme il y en a* / *quelques-uns;* / SUIVI / DES LETTRES / DE MISTRISS HENLEY, / *Publiées par ſon Amie, M*ᵈᵉ *de C*** de Z****; / ET DE / LA JUSTIFI CATION DE M. HENLEY, / *Adreſſée à l'Amie de ſa Femme.* / [*typographic ornament*] / A GENEVE, / *Et ſe trouve à P*ARIS, / Chez BUISSON, Libraire, Hôtel de Meſgrigny, / rue des Poitevins, Nᵒ 13. / [*double rule*] / 1785.

12ᵒ   pp.[i] title, [ii] blank, [iii] prefatory note, [iv] blank, [1]- 232 *Le Mari sentimental*, [233]-302 *Lettres de Mistriss Henley*, [303]-360 *Justification de M. Henley*.

Note: This edition brings together Samuel de Constant's novel, *Le Mari sentimental* (n.p. 1783), *Mistriss Henley* (which was conceived as a reply to *Le Mari sentimental*) and the anonymous *Justification*, which had been published separately in 1784 (see Appendix C).

Reviews were published in *AL*, (1785), viii.169-80, *MF*, 22 avril 1786, *JP*, 13 mai 1786. The last review included the following note by mme de Charrière:

L'auteur des *Lettres de Mrs Henley* n'est point l'auteur d'une *Justification de M. H.* qu'on a imprimée à la suite de ces lettres. Il ignore même absolument qui a fait cette justification et n'aurait pas cru nécessaire de la désavouer, si dans le nᵒ 16 du *Mercure* on n'avait paru la confondre avec les lettres qui précèdent. C'est aussi sans son aveu qu'on a réimprimé cet écrit avec des lettres initiales.

She expresses the same sentiment more outspokenly in a letter to a friend quoted by Godet (i.389): 'M. Bailli, libraire, vendait *Mrs Henley*, auquel on avait joint, outre le *Mari sentimental,* une misérable suite de

ma brochure, qui en était la critique plus ennuyeuse encore qu'offen-
sante, et les journaux s'étonnèrent de ce que les deux parties d'un même
ouvrage se ressemblaient si peu.'

The text of *Mistriss Henley* is a reprint, with variants, of item 3.a.

Copies: BN (Y² 50910-50911, Y² 7804: two copies, the second in binding
stamped with the arms of Marie-Antoinette), BPU (S 20637).

3.c LE MARI / SENTIMENTAL, / OU / LE MARI / COMME IL Y
EN A QUELQUES-UNS. / [*short ornamental swelled rule*] / A GEN
EVE, / Chez J.-.J. PASCHAUD. / [*short rule*] / 1803.

12° pp.[i], 310.

On pp.196-256: *Lettres de Mistriss Henley, publiées par son amie
Madame de C*** de Z****.

Typography: the publisher's name, Paschoud, is misspelt in the title.

Note: The text of *Mistriss Henley* is here revised and enlarged.

Copies: BCU (M 1996a), BPU (S 7835).

3.d Mistriss Henley

See item 29 (edited by Philippe Godet, 1908)

3.e Mistress Henley

See item 30 (translation by S. M. Scott, 1925)

3.f Samuel de Constant. Le Mari sentimental suivi des Lettres de M^rs
Henley de Mme de Charrière, avec une introduction et des notes de
Pierre Kohler. Editions des Lettres de Lausanne, [1928]. pp.274.

On pp.229-74: *Lettres de Mistriss Henley publiées par son amie
Madame de C*** de Z****.

3.g   Belle de Zuylen (Madame de Charrière). *Mistriss Henley*. 1944.

170×115 mm   pp.x, 46, [2].

Colophon: 'Ce petit roman a été achevé d'imprimer en février 1944 avec les caractères Bodoni par Claude Sézille à Paris pour le compte de l'éditeur Pierre Mangart à Rosières, Picardie. Le tirage est limité à 250 exemplaires numérotés de 1 à 250.'

Note: Published clandestinely during the German occupation of Holland by A. A. M. Stols (The Hague). De Jong, 981. The preface is an extract from Godet (item 3.d).

Copies: A, BN, DCL-P4, H, IEN, L, Z.

3.h   Belle van Zuylen. Mistriss Henley. Burins de Michel Béret. Utrecht: *Société 'De Roos'*, 1952. [Printed by Dominique Viglino, Paris].

202×140 mm   pp.68, [4]. Preface on pp.5-8 [by André Ménétrat].

Colophon: 'La présente édition, illustrée de gravures au burin de Michel Béret, a été réalisée au cours de l'automne 1951, d'après la maquette de Jean-Paul Vroom [...]'.

Edition limited to 175 copies.

Copies: BL, CLU-C, CtY, L, Z.

3.i   Mrs Henley

See item 33 (translation by R. E. van Kuyk, 1975)

3.j   Mistriss Henley. Brevroman af Madame de Charrière (Belle de Zuylen), 1784. Oversættelse: Karen Pontoppidan. [Copenhagen], 1976.

pp.5, 28.

4   *Lettres écrites de Lausanne*   1785

In this section the *Lettres écrites de Lausanne* is preceded by (1) and *Caliste, ou Suite des Lettres écrites de Lausanne* by (2).

4.a(1)   LETTRES | *ÉCRITES* | DE LAUSANNE. | [*typographic ornament*] | *TOULOUSE.* | [*triple rule with typographic ornament at each end*] | 1785.

8°   (210 × 130 mm uncut) A-G⁸ H² $4 signed (–H2).

pp.[1] title, [2] blank, [3]-116 text.

Catchwords: 16 dans   32 drois   48 parent   64 sont   80 *TREIZIEME* 96 heure   112 saires,

Paper: white laid. *Watermark:* grapes and FIN DE | NOURRISSON | AUVERGNE | 1776.

Notes: Mme de Charrière's letter to Taets van Amerongen which has been quoted above (item 2.a, note) gives some information on the date of composition of the work:

Un an après que l'on eut imprimé les *Lettres neuchâteloises,* un proposant du Pays-de-Vaud publia dans un prospectus trois volumes des *Lettres lausannoises.* Il annonçait les plus belles choses du monde, mais il voulait une souscription. 'Quoi! dis-je, on me vole mon titre! Mais je préviendrai ce pédant audacieux.' – Aussitôt je montai dans ma chambre et me dépêchai d'écrire. Huit ou dix jours après, les *Lettres écrites de Lausanne* étaient faites' (quoted by Godet, item 4.n, p.VII).

The manuscript was sent for correction to de Salgas at the end of January 1785, and on 1 February mme de Charrière wrote to Chambrier d'Oleyres: 'Je souhaite que la souscription se remplisse, et j'ai prié M. Chaillet de souscrire pour moi' (Godet, i.301-302). No trace of the subscription list has been found. The work was probably published in the spring of 1785. It was printed by Bonnant, Geneva (Godet, i.304, n.1).

Copies: B (L 4936 Rés), BCU (M 1980), BN (Y² 48984, Z 15109: two copies, the second listed in binding stamped with the arms of Marie-Antoinette), BPL (LL 2024), BPU (Hf 2848, Ariana 2874), Mo (8° 877),

LETTRES

ÉCRITES

DE LAUSANNE.

PREMIÉRE PARTIE.

A GENEVE,

Et ſè trouve

A PARIS,

Chez PRAULT, Imprimeur du Roi, quai des
Auguſtins. à l'Immortalité.

1787.

MH, N (ZR 667, with title page of 4.b inserted to follow the 4.a title),
VP (937628).

4.b(1) LETTRES / ÉCRITES / DE LAUSANNE. / [*device*] / A
GENEVE, / *Et ſe trouve* / A PARIS, / Chez Buisson, Libraire, rue
des Poitevins, / hôtel de Meſgrigny, Nᵒ. 13. / [*Oxford rule*] / 1786.

8ᵒ (203×125 mm cut)   A⁸ (±A1) B-G⁸ H² $4 signed (–H2).

A reissue of item 4.a(1), with cancel title.

Note: The remainder of the Geneva edition was acquired by Buisson in
1786 (Godet, i.388).

The following reviews were published: *JGF*, 16 september 1786
(with price, '30 F. *br.*'), *JE*, vii.256-69, 15 octobre 1786 (with price,
'1 liv. 10 sols'), *EJ*, 15e année, xii.146-61, décembre 1786 (with price,
'30 sols broché'), *JP*, 31 décembre 1786, pp.1531-32.

Copies: BL (R 673 (1)), BPU (Hf 3607), Z.

4.c(1) LETTRES / ÉCRITES / DE LAUSANNE. / PREMIÉRE
PARTIE. / [*device: flowers*] / A GENEVE, / *Et ſe trouve* / A PARIS, /
Chez Prault, Imprimeur du Roi, quai des / Auguſtins. à l'immortalité.
/ [*short Oxford rule*] / 1787.

8ᵒ (198×128 mm cut)   A⁸(A1+χ1) B-D⁸ E⁸(±E2) F⁸ G⁸(±G4)
H⁴(±H4) $4 signed (–H3, H4).

pp.[1] title, [2] blank, [i] A Madame la marquise de S....., [ii] blank,
[3]-118 text, [119]-[120] Errata.

Catchwords: 16 revenir   32 drois   48 parent   64 &   80 "la   96 notre
112 mais

Typography: first word on title page in ornamental type. F3 signed E3.
p.67 enclosed in square brackets. p.36 misnumbered 34. On direction
line B1, C1: *I. Partie.*; D1-H1: *Partie I.*; E2: *Tome* Iᵉʳ.; G4: *I. Part.*

Paper: white laid, greenish laid in cancels. *Watermark:* grapes and
letters.

Note: See, on the author's relations with Prault, item 4.d(2), note.

The text of the previous edition is here revised and augmented.

Copies: BN (Y² 48987, Z 45046: two copies, each with half-title and title page of 4.e(1) bound in to follow 1787 title page), N (ZR 763¹, ZR 666¹, ZR 911¹: three copies, the second with half-title and title page of 4.e(1) bound in to follow 1787 title page; the third with 1787 title page bound in between half-title and title page of 4.e(1)).

See illustration.

4.c(2) CALISTE, / *OU*: / SUITE / DES LETTRES / ÉCRITES DE LAUSANNE. / [*device: monogram and sunburst*] / A GENÈVE, / *Et ſe trouve* / A PARIS, / Chez PRAULT, Imprimeur du Roi, Quai des / Auguſtins, près la rue Pavée, à l'Immortalité. / [*short Oxford rule*] / 1787.

8° (179×118 mm cut) A⁸(±A8?) B-I⁸ K² (A8 wanting in copy seen). $4 signed (–K2).

pp.[1] title, [2] blank, [3] Avertissement des éditeurs, [4] blank, [5]-148 text (pp.15-16 wanting).

Catchwords: 32 venoit 48 fait 64 fit 80 que 96 & 112 toutes 128 "volontaire, 144 forces,

Typography: I4 signed I3. On direction line B1, D1, F1: *II Partie.*; C1, E1, G1, H1, I1: *Part. II.*; K1: *Partie II.*

Paper: white laid, greenish laid in I and K.

Note: This is the earliest state of *Caliste*, with C8 uncancelled and no errata leaf.

See the following item, note.

Copy: N (ZR 763²).

See illustration.

4.d(2) CALISTE, / *OU* / CONTINUATION / DES LETTRES / ÉCRITES DE LAUSANNE. / SECONDE PARTIE. / [*device, as for 4.c(2)*] / A GENÈVE, / *Et ſe trouve* / [*&c. as for 4.c(2)*].

8° A⁸(±A1, ±A8) B⁸ C⁸(±C8) D-I⁸ K² [L]² $4 signed (–K2).

CALISTE,

ou :

SUITE

DES LETTRES

ÉCRITES DE LAUSANNE

A GENÈVE;

Et se trouve

A PARIS;

Chez PRAULT, Imprimeur du Roi, Quai des
Auguftins, près la rue Pavée, à l'Immortalité,

1787.

Item 4.c(2)

pp.[1] title, [2] blank, [3] Avertissement des éditeurs, [4] blank, [5]-148 text, [149]-[151] Errata, [152] blank.

Catchwords: 16 noncés: 32 venoit [*&c. as for 4.c*(2)].

Typography: as for 4.c(2), except: on direction line A8, C8: *II. Part.*

Paper: white laid, greenish laid in cancels and in I, K, [L].

Note: This is the same setting as 4.c(2), with a new title page and three pages of errata. C8 has been reset to correct a misprint on p.47.

It is doubtful whether many copies of this and the previous item were published: in a letter (undated) to an unidentified correspondant quoted by Godet (i.389) mme de Charrière writes:

ce M. Prault convint avec M. Suard qu'il imprimerait *Caliste,* aussi bien que les *Lettres de Lausanne,* à frais et à profits communs pour lui et pour l'auteur; mais j'oubliai de faire écrire et signer le marché, et quand j'envoyai le compositeur Zingarelli lui demander pour lui, Zingarelli, la moitié des profits, qui devaient être considérables, puisque *Caliste* avait eu un très grand débit, il dit que j'avais été si lente et si minutieuse lors de l'impression en corrigeant les épreuves, qu'il n'y avait rien gagné du tout. Il est vrai que j'avais été lente et maladroite; il n'était pas vrai qu'il n'eût point gagné. A sa prière, j'avais gardé le plus rigoureux silence sur *Caliste* pendant plusieurs mois, parce qu'il voulait ne la mettre en vente qu'après le nouvel-an, c'est-à-dire après le débit des almanachs.

However, although Prault wished *Caliste* to appear early in 1788 rather than at the end of the previous year, his original intention seems to have been to publish in 1787. Benjamin Constant records in *Le Cahier rouge,* that Isabelle de Charrière 'était occupée à faire imprimer ce livre [*Caliste*] quand je fis connaissance avec elle'. The reference is to *c.* March 1787, in Paris.

Copies: BN (Y² 48986, Y² 48988: two copies, each with half-title and title page of 4.e(2) bound in to follow the 1787 title page), N (ZR 666², with 4.e (2) half-title and title pages as in BN copies).

4.e(1)   LETTRES / ÉCRITES / DE LAUSANNE. / PREMIERE PARTIE. / [*flowers*] / A GENEVE, / *Et ſe trouve* / A PARIS, / Chez PRAULT, Imprimeur du Roi, quai des / Auguſtins, à l'Immortalité. / [*short Oxford rule*] / 1788.

Half-title:] LETTRES / ÉCRITES / DE LAUSANNE. / PREMIERE PARTIE.

8° (215×132 mm uncut) A⁸(–A1+π²+χ1) B-D⁸ E⁸(±E2) F⁸ G⁸ (±G4) H⁴(±H4) $4 signed (–H3, H4).

pp.[i] half-title, [ii] blank, [iii] title, [iv] blank, [1] A Madame la marquise de S. . . . . , [2] blank, [3]-118 text, [119]-[120] Errata.

Catchwords and typography: first word of half-title is in ornamental type, otherwise as for 4.c(1).

See illustration.

4.e(2) CALISTE / *OU* / SUITE / DES LETTRES / ÉCRITES DE LAUSANNE. / SECONDE PARTIE. / [*device: caduceus*] / A GENÈVE, / *Et ſe trouve* / A PARIS, / Chez PRAULT, Imprimeur du Roi, quai des / Auguſtins, à l'Immortalité. / [*Oxford rule reversed*] / 1788.

Half-title:] LETTRES / ÉCRITES / DE LAUSANNE. / SECONDE PARTIE.

8° A⁸(—A1+π², ±A8) B⁸ C⁸(±C8) D-I⁸ K² [L²] $4 signed (–K2).

pp.[i] half-title, [ii] blank, [1] title, [2] blank, [3] Avertissement des éditeurs, [4] blank, [5]-148 text, [149]-[151] Errata, [152] blank.

Catchwords and typography: first word of title and half-title in ornamental type, otherwise as for 4.d(2).

Paper: white laid, greenish laid in cancels, vol. i and vol. ii; greenish laid in I, K, [L], vol. ii.

Note: These two volumes are the same setting as 4.c(1) and 4.d(2), with new preliminaries.

The work, in two volumes, was reviewed in the following periodicals: *JP*, 27 janvier 1788, pp.121-22, *MF*, 23 février 1788, pp.165-80 (by M. Comey), *EJ*, 17e année, IV, avril 1788, pp.64-78.

Copies: BIR, BCU (M 1980bis), BN (Z 45047: vol. II), BPU (Hf 2799 Rés), Bx, Ca (O.8865), FU, H (2106 A 439), MH, N (ZR 912, ZR 937), Y (2172), Z.

See illustration.

LETTRES

ÉCRITES

DE LAUSANNE.

PREMIERE PARTIE.

A GENEVE;

Et se trouve

A PARIS,

Chez PRAULT, Imprimeur du Roi, quai des
Auguftins, à l'Immortalité.

1788.

CALISTE

O U

SUITE

DES LETTRES

ÉCRITES DE LAUSANNE.

SECONDE PARTIE.

A GÉNÈVE,

Et se trouve

A PARIS,

Chez Prault, Imprimeur du Roi, quai des
Augustins, à l'Immortalité.

1788.

4.f(1-2) LETTRES | *ÉCRITES* | DE LAUSANNE. | [*rule*] | PREMIÈRE PARTIE. | [*rule*] | [*device*] | A GENÈVE, | *& ſe trouve* | A PARIS, | Chez PRAULT, Imprimeur du Roi, quai des | Auguſtins, à l'Immortalité. | [*short swelled rule*] | 1788.

Half-title:] LETTRES | *ÉCRITES* | DE LAUSANNE. | [*rule*] | *PREMIÈRE PARTIE.* | [*rule*]

12° (154×94 mm cut) A-L¹² M⁸ $5 signed (–M5).

pp.[1] half-title, [2] blank, (3) title, (4) blank, [5]-[6] A Madame la marquise de S....., [7]-127 Première partie, [128] blank, [129] fly title: LETTRES | *ÉCRITES* | DE LAUSANNE. | [*rule*] | *SECONDE PARTIE.* | [*rule*], [130] blank, [131] Avertissement des éditeurs, [132] blank, [133]- 280 Seconde partie.

Catchwords: 24 Outre 48 est 72 à 96 fille 120 ne 144 & 168 je 216 y 240 de 264 recevoir

Paper: white laid.

Announced in *JL*, 22 mars 1788 by Mourer, presumably acting as agent for Prault: '*Caliste* ou *suite des Lettres écrites de Lausanne, par Mme Charrière.* In-12, 2 part. 1788' (Godet, i.329, note 1).

Note: Text revised throughout, remarkably free from misprints and including some important changes which presumably correspond to the author's intentions.

Copies: B (L4937 Rés), BPL (LL2254), BPU (Se 4301), BR, JRM, MH, N (A 6509, ZR 665, ZR 680, ZR 979), NjP, OCIW, ScU, Z. (NUC erroneously describes this edition as 8°).

See illustration.

4.f *bis* Caliste, ou continuation des lettres de Lausanne, 1 vol. in-12. Se trouve chez MM. Barde, Manget & Comp. à Genève, [1788].

Copy not located, but described as above in a review in *JL*, 5 avril 1788, pp.53-55. It is possible that the review refers to item 4.e(2) rather than to a new edition (cf. Mourer's announcement in *JL*, 22 mars 1788, quoted in item 4.f above). On the other hand, it is possible that there was in fact a separate edition or issue with the imprint of Barde et Manget (cf. items 4.j, 4.k below) as described in *JL*.

4.g(1-2)   Cecilie und Kalliste, oder Briefe aus Lausanne. Nach dem Französischen von Friedrich Menzel. Bayreuth, im Verlag der Zeitungs-druckerey, 1792.

8°   (170×100 mm cut) pp.[iv], 316.

Copy: N (ZR 662).

4.h(1)   Letters written from Lausanne. Translated from the French. Bath, printed by R. Cruttwell; and sold by C. Dilly, Poultry, London, 1799.

12°   2 vols. pp.[viii], 175+200.   Translator's preface: vol.i, p.[viii].

Copies: BL (12613. aaa. 20), NLS (Alex. 1. 4).

4.h *bis*   Cécile, tiré des Lettres de Lausanne . . . Caliste, tiré des Lettres écrites de Lausanne . . .

Nouvelle bibliothèque universelle des romans, Paris, Première année (1799), xiii.169-220; Seconde année (1799), i.89-142.
Extracts from *Lettres écrites de Lausanne* and *Caliste.*

Copies: BL, BN, OT.

4.i(1)   CALISTE, / *OU* / LETTRES / ÉCRITES / DE LAUSANNE. / Par Madame de Charrière. / *NOUVELLE ÉDITION.* / [*rule*] / TOME PREMIER. / [*rule*] / [*Publisher's monogram*] / A GENÈVE, / Chez J. J. Paschoud, Imp.-Libr. / 1807.

Half-title:] CALISTE. / [*rule*] / TOME PREMIER. / [*rule*]

12°   (145×89 mm cut)   A-G¹² H⁸ $6 signed (−A3, E2-E6, H5-H6).

pp.[1] half-title, [2] '*Cet ouvrage se vend à Paris, chez Buisson, Libraire*', and advertisement for *Sir Walter Finch*, [3] title, [4] blank, [5] A Madame la marquise de . . . . . ., [6] blank, [7]-183 text of letters I-XVII, [184] blank.

Catchwords: 24 qui   48 Les   72 Vous   96 et   120 De   144 Vous   168 vouloit

Typography: p.32 misnumbered 52 in some copies.

LETTRES

ÉCRITES

DE LAUSANNE.

PREMIÈRE PARTIE.

A GENÈVE,

& se trouve

A PARIS,

Chez PRAULT, Imprimeur du Roi, quai des
Auguſtins, à l'Immortalité.

1788.

6

4.i(2)   CALISTE, / ... TOME SECOND ...

Half-title: CALISTE. / ... TOME SECOND ...

π² A-I¹² K² $6 signed (–G5, H5, I6, K2) $1 on direction line: 2

pp.[i] half-title, [ii] blank, [iii] title, [iv] '*Cet ouvrage se vend à Paris, chez BUISSON, Libraire*', and advertisement for *Sir Walter Finch*, [1]-220 text of letters XVIII-XXV.

Catchwords: 48 les   72 comme   96 et   120 elle   144 Betty   168 une   192 peines   216 je

Typography: on p.138 page number preceded by closing bracket.

Paper: white laid.

Note: Reprint of item 4.f(1-2). Reviewed in *Le Publiciste,* 3 octobre 1807 [by Pauline de Meulan].

Copies: BCU (M 1981), BL (12511. aaaa.34), BPL (LL 3514), BPU (Hf 899 Rés), BR (II21401), Bx (AP 13806), StG, UB (Ling. 13738(2)).

4.j(1)   Lettres écrites de Lausanne. Première partie. A Genève, *Et se trouve* à Paris, Chez L'Huillier, Libraire et Commissionnaire, ... 1807.

8°   pp.[iv], 118, [2].

4.j(2)   Caliste, ou Suite des Lettres écrites de Lausanne. Seconde partie. A Genève, *Et se trouve* à Paris, Chez L'Huillier, ... 1807.

8°   pp.[ii], 148, [3].

Note: A reissue of item 4.e(1-2) with new preliminaries.

Copy: N (ZR 746).

4.k(1)   Lettres écrites de Lausanne. Par Madame de Charrière. Nouvelle édition. Première partie. Genève: Manget et Cherbuliez. 1807.

8°   pp.[iv], 118, [2].

4.k(2)   Caliste ou suite des Lettres écrites de Lausanne; Par Madame de Charrière. Nouvelle édition. Seconde partie. Genève: Manget et Cherbuliez. 1807.

8°   pp.[ii], 148, [3].

Note: A reissue of item 4.e(1-2) with new preliminaries.

Copy: Mo (1517).

4.l(1-2)   Caliste ou Lettres écrites de Lausanne. Roman par Mme de Charrière. Nouvelle Edition. Avec une Notice par M. Sainte-Beuve. Correspondance inédite de Madame de Charrière, relations avec Benjamin Constant, Madame de Staël, etc., etc., d'après les pièces originales et les documents de M. E. H. Gaullieur. Paris: Jules Labitte, 1845.

8°   pp.342.

4.m(2)   Ernestine, Caliste, Ourika par Mesdames Riccoboni, de Charrière et de Duras. Paris: Hachette, 1853. (Bibliothèque des Chemins de fer. Troisième série. Littérature française).

12°   pp.XII, 240. On pp.83-188: *Caliste.*

4.n(1-2)   Lettres écrites de Lausanne. Histoire de Cécile. Caliste. Par Mme de Charrière, avec une préface de Philippe Godet. Genève: A. Jullien, 1907.

8°   pp.XXI, 230.

4.o(2)   Caliste; précédé d'un essai sur Mme de Charrière par Henri Focillon. Paris: E. Sansot, 1909.

8°   pp.221.

4.p(1-2)   Letters from Lausanne. Letters from Lausanne-Caliste.

See item 30 (translation by S. M. Scott, 1925)

4.q(2)   Belle van Zuylen (Madame de Charrière). De Geschiedenis van Caliste. *Uit het Fransch vertaald en ingeleid door Mr. J. C. Bloem.* Amsterdam: L. J. Veen, 1942.

8°   pp.194.   Inleiding, pp.5-90.

J. C. Bloem is the pseudonym of V. E. van Vriesland. De Jong, 979.

4.r(1-2)   J.-J. Rousseau. Isabelle de Charrière. Julie ou la Nouvelle Héloïse. Lettres écrites de Lausanne. Présentation de Jean Starobinski. [Lausanne]: Editions Rencontre, [1970]. (La Suisse et l'Europe, I-II).

8°   2 vols   Vol. i.481-544: *Histoire de Cécile;* vol. ii.399-475: *Caliste.*

5   *Observations et conjectures politiques*   1787-1788

5.a   OBSERVATIONS / ET / CONJECTURES / *POLITIQUES.* / [*device*] / Chez Witel, Imprimeur-Libraire, aux Verrieres-Suiffes. / [*double rule*] / 1788.

8°   (188×114 mm cut) π1 2π^2(–π2) A² [B]1(=2π2) B**-F**² G**²($\pm$G**2).

pp.[i] title, [ii] blank, [1] fly title: CONSIDÉRATION . . . , [2] blank, [3]-35 text (p.[8] followed by '8'; p.23 followed by 28-35).

This description is of seven essays made up into a volume and provided with a title page. They were in fact published separately; mme de Charrière speaks of them as if they formed a periodical (see below, note). Descriptions of the separate essays follow.

5.a(1) CONSIDÉRATION / Sur / *L'AFFAIRE* / DES / CANO NIERS / FRANÇAIS, / *Attirés en Hollande par quelques Hollandais, et* / *sur le rappel du Duc Louis de* BRUNSWICK. / [*device*] / [*double rule*] / 1787.

Caption title below head ornament:] Nᵒ. 1 / CONSIDÉRATION / SUR L'AFFAIRE / DES CANONIERS FRANÇAIS, / *Attirés en Hollande par quelques Hollan- / dais, & ſur le rappel du Duc Louis de / Bʀᴜɴsᴡɪᴄᴋ.*

π²(–π2) A² [B]1(=π2)   A1 signed.

pp.[1] title, [2] blank, [3]-7 text, [8] blank.

5.a(2)   *Caption title below double rule:*] Nᵒ. 2 / LETTRE / *D'un négo ciant d'Amſterdam d'origine / Françaiſe à ſon ami à Paris.*

B**2   B**1 signed.

pp.8-11 text, dated at beginning, '*à Amsterdam, ce 24 Novembre* 1787'.

5.a(3)   *Caption title below double rule:*] Nᵒ. 3 / RÉFLEXIONS / *Sur la généroſité & ſur les Princes.*

C**2   C**1 signed.

pp.12-15 text.

Typography: page number on 12 followed by ç (misprint for closing bracket).

5.a(4)   *Caption title below double rule:*] Nᵒ. 4 / LETTRE / *D'un Milanais à un Pariſien.*

D**2   D**1 signed.

pp.16-19 text, dated at beginning, '*Milan, le* 15 *décembre* 1787'.

5.a(5)   *Caption title below double rule:*] Nᵒ. 5 / LELTRE / *D'un Anglais à M. CH.B. noble Hol- / landais.*

E**2   E**1 signed.

pp.20-23 text.

Typography: misprint (LELTRE) in title.

5.a(6)   *Caption title below double rule:*] N°. 6 | LETTRE | *Sur l'Edit concernant les Proteſtans*

F**2   F**1 signed.

pp.28-31 text, dated at beginning, '*Hanau, le 1 janvier 1788*'.

5.a(7)   *Caption title below double rule:*] N°. 7 | CONTINUATION | *De la Lettre d'un Anglais, à M. CH. | B. Noble Hollandais.*

G**2(±G**2)   G**1 signed.

pp.32-35 text.

Note: 'Après mon retour de Paris [September 1787], fâchée contre la princesse d'Orange, j'écrivis la première feuille des *Observations et conjectures politiques*. Pour la faire remarquer et lire, j'en écrivis une seconde, dont l'intérêt devait être un peu plus général: c'est celle qu'il a plu à M. Witel de mettre la première dans le recueil qu'il fit. Puis vinrent les autres. Une indignation, disons mieux, un zèle patriotique en dicta plusieurs [. . .] Je voulais qu'on les envoyât et les vendît à Paris, comme on aurait pu faire tout autre ouvrage périodique, et ne doutais pas que cela ne se fît' (Godet, i.389-90, undated letter from mme de Charrière to unidentified correspondant).

Copy: Private collection (m. J.-D. Candaux, Geneva).

5.b   OBSERVATIONS / ET / CONJECTURES / *POLITIQUES.* / [*device*] | *Lux tandem erumpet.* | Chez. J. WITEL, Imprimeur-Libraire, aux Verrieres-Suiſſes. | [*double rule*] | 1788.

Half-title:] OBSERVATIONS | ET | *CONJECTURES* | POLI TIQUES.

8°   (198×122 mm cut)   A-E⁸ $4 signed (–E4).

pp.[1] half title, [2] blank, [3] title, [4] blank, [5]-80 text.

Catchwords: 16 de   32 ni   48 qui   64 D'abord

Typography: the third line of the title is in hollow type. Numerous misprints. C2 signed B2. pp.20-21 misnumbered 19-20.

Paper: white laid.   *Watermark:* grapes and letters CJP or ANCHE.

Note: The text has been reset and revised throughout and in the present edition there are 17 essays in all:

N⁰ 1   Observations et *conjectures* politiques. Lettre *d'un négociant d'Amsterdam d'origine Française à son ami à Paris, 'à Amsterdam, ce 24 Novembre* 1787', pp.[5]-9.

N⁰ 2   Considérations sur l'affaire des canoniers français, *attirés en Hollande par quelques Hollandais, & sur le rappel du Duc Louis de Brunswick,* pp.10-13.

N⁰ 3   Réflexions *sur la générosité & sur les Princes,* pp.14-18.

N⁰ 4   Lettre *d'un Milanais à un Parisien,* 'Milan, le 15 *décembre* 1787', pp.19-22.

[N⁰ 5]   Lettre *d'un Anglais à M. B.CH. noble Hollandais,* pp.23-26.

N⁰ 6   Lettre *sur l'Edit concernant les Protestans,* 'Hanau, le 1 *janvier* 1788', pp.27-30.

N⁰ 7   Continuation *de la Lettre d'un Anglais à M. CH. B. Noble Hollandais,* pp.31-34.

N⁰ 8   Bien-Né. *Conte,* pp.35-38.

N⁰ 9   Seconde suite *de la Lettre à M. CH.B,* pp.39-42.

N⁰ 10   Suite de Bien-Né, *Conte,* pp.43-46.

N⁰ 11   *Remontrances d'un Conseiller au Parlement de Paris,* pp.47-49; *Requête d'un autre Conseiller au Parlement,* pp.49-50.

N⁰ 12   *On a découvert mon imprimeur, car il a reçu pour moi la lettre suivante,* 'Ce 10 *janvier* 1788', pp.51-56.

N⁰ 13   *Un savetier du faubourg St. Marceau, au Roi,* pp.57-60; *Un Président du Parlement de Paris, au Roi,* pp.61-64; *Un Français à son Roi,* pp.64-66.

N⁰ 14   *Fragment d'une Lettre d'un Hollandais à un Français,* pp.66-68; *Nouvelles & Anecdotes,* pp.69-70.

N⁰ 15   *Apologie de la flaterie,* pp.70-73.

N⁰ 16   *Lettre d'un Patroite au Prince d'Orange,* pp.74-75; *Aux Etats de Hollande & de West-Frise,* 'Hochstraten ce 1 mars 1788', pp.75-76; *Lettre attribuée au fils aîné du Prince d'Orange...,* pp.76-77.

N⁰ 17   *Des écrits satyriques,* pp.77-80.

Whether all of these essays were originally published separately (see above, item 5.a, note) has not been established. The volume was advertised by Witel as follows: 'Ouvrage d'un genre nouveau, où l'Auteur dévelope autant de profondeur dans ses conjectures que de sagacité &

OBSERVATIONS

E T

CONJECTURES

P O L I T I Q U E S.

Lux tandem erumpet.

Chez J. WITEL, Imprimeur - Libraire , aux Verrieres - Suisses.

1 7 8 8.

Item 5.b

BIEN-NÉ.

NOUVELLES ET ANECDOTES.

APOLOGIE DE LA FLATTERIE.

PARIS.

1788,

d'humanité dans ses observations, il est imprimé en petit-texte gros-œil, caractere neuf' (*Avis et nouveautés de J. Witel, Imprimeur-Libraire, aux Verrieres-Suisses, comté de Neuchatel*, 1788, p.3).

Benjamin Constant reported in 1793 that a Lausanne bookseller was selling the *Observations et conjectures* under the name of Mirabeau (Godet, i.399).

Copies: B (L 4942, with manuscript corrections in a contemporary hand), BL (F.441.(7)), BN (Lb³⁹ 6666), C (Acton d. 23. 876), DLC, N (ZR 671, ZR 954).

See illustration.

5.c [*rule*] / BIEN-NÉ. / [*rule*] / NOUVELLES ET ANECDOTES. / [*rule*] APOLOGIE DE LA FLATTERIE. / [*rule*] / [*device*] / PARIS. / [*short ornamental double rule with typographic ornament at each end*] / 1788.

8° in fours   (202 × 128 mm cut)   A-E⁴ $2 signed (+A3).

pp.[1] title, [2] blank, 3-39 text, [40] blank.

Catchwords: 8 de   16 rigueur   24 desire   32 *Apologie*

Paper: white laid and greenish laid.   *Watermark:* grapes and letters ... OTRAMY.

Note: This edition is a selection from 5.b, reprinting six of the articles in a different order, but with no significant textual changes. The articles reprinted are the following: pp.3-15 *Bien-né*, 16-22 *Un Président du Parlement de Paris, au Roi*, 22-26 *Un Conseiller du Parlement de Paris, au Roi*, 27-29 *Requête d'un Conseiller du Parlement*, 30-32 *Nouvelles et anecdotes*, 33-39 *Apologie de la flatterie*.

The edition was suppressed by the French authorities and the book-sellers Désauges and Denné were imprisoned in the Bastille, the date of imprisonment of the latter being recorded as 10 April 1788 (Godet, i.396-98).

Copies: BCU (NED 11329 Rés), BL (935. h. 16; F.412. (8); R. 186.(11): three copies), BN (Rés Lb³⁹ 6366), BPU (S 23617 Rés), BR (II 665 32A 32), N (ZR 761), NN.

See illustration.

5.d   [*rule*] / BIEN-NÉ. / [*rule*] / NOUVELLES ET ANECDOTES. / [*rule*] / APOLOGIE DE LA FLATTERIE. / [*rule*] / PARIS. / [*short Oxford rule*] / 1788.

8° in fours   (195×122 mm cut)   π1 A-B⁴ C² (C2+1 (=π2?)).

pp.[I] title, [II] blank, [1]-22 text.

Catchwords: 8 *UN* 16 &

Note: A reprint of item 5.c.

Copy: VP (968921).

5.e   Over satirische geschriften

Simone Dubois, 'De pamfletten van Belle van Zuylen', *Tirade*, Nº 162 (December 1970), 574-584. On pp.581-84 text of Dutch translation of *Des écrits satyriques*, from *Observations et conjectures politiques*, Nº 17.

6   *Les Phéniciennes*   1788

6.a   LES / *PHÉNICIENNES,* / TRAGÉDIE LYRIQUE / *EN TROIS ACTES,* / Imitée d'Euripide. / [*device*] / *A NEUCHATEL,* / De l'imprimerie de la Société Typographique. / [*Oxford rule*] / 1788.

8°   (195×120 mm cut)   A-C⁸ D⁴ $4 signed (–A4, B3, D3, D4).

pp.[1] title, [2] blank, [3] Epitre dédicatoire à M. Prevost, de l'Académie de Berlin, signed, 'T. DE CH.' and dated, '*A Colombier, ce 28 juin* 1788', [4] Personnages, 5-19 Acte I, 20-27 Acte II, 28-39 Acte III, [40] blank, 41-43 Variantes, 44-45 Avertissement, 46-55 Acte II, Acte III: further variants, [56] blank.

Catchwords: none.

Paper: white laid.   *Watermark:* grapes, crown and letters D G.

Note: Pierre Prevost's letter of thanks to the author, 7 October 1788, is published in Godet, i.407-408.

Copies: B (L 1658), BPU (Ariana 971), N (ZR 672).

See illustration.

LES
PHÉNICIENNES,
TRAGÉDIE LYRIQUE
EN TROIS ACTES,

Imitée d'Euripide.

A NEUCHATEL,

De l'Imprimerie de la Société Typographique.

1788.

7   *Lettres d'un évêque françois à la nation*   1789

7.a(1)   *Caption title below an Oxford rule:*] LETTRE | *D'UN* | ÉVÊQUE FRANÇOIS | *A LA NATION.*

8°   (200×115 mm cut)   A⁸   A1-A4 signed.

pp.[1]-14 text, [15]-[16] blank. Text dated at end 'Ce 11 avril 1786' [=1789].

7.a(2)   SECONDE | *LETTRE* | D'UN | ÉVÊQUE FRANÇOIS | A LA NATION.

Caption title:] *SECONDE* | LETTRE | *D'UN* | ÉVÊQUE FRAN ÇOIS | *A LA NATION.*

8°   A⁸   A2-A4 signed.

pp.[1] title, [2] blank, [3]-16 text, caption title on [3]. Text dated at end 'Ce 30 avril 1789'.

Typography: fourth line of title in ornamental type.

7.a(3)   *Caption title below an Oxford rule:*] *TROISIEME* | LETTRE *D'UN* | ÉVÊQUE FRANÇOIS | *A LA NATION.*

8°   A⁸   A1-A4 signed.

pp.[1]-16 text, dated at end 'Ce 8 mai 1789'.

7.a(4)   QUATRIEME | *LETTRE* | D'UN | ÉVÊQUE FRANÇOIS | A LA NATION.

Caption title below an Oxford rule:] *QUATRIEME* | LETTRE | *D'UN* | ÉVÊQUE FRANÇOIS | *A LA NATION.*

8°   A⁸   A2-A4 signed.

pp.[1] title, [2] blank, [3]-14 text, caption title on [3], [15]-[16] blank. Text dated at end 'Ce 12 mai 1789'.

Typography: fourth line of title in ornamental type.

7.a(5)   *Caption title below an Oxford rule:*] *CINQUIEME* | LETTRE | *D'UN* | ÉVÊQUE FRANÇOIS | *A LA NATION.*

8°   A⁸ χ1   A1-A4 signed.

pp.1-16 text, [17] Errata, [18] blank. Text dated at end 'Ce 18 mai 1789'.

7.a(6)   SIXIEME | *LETTRE* | D'UN | ÉVÊQUE FRANÇOIS | A LA NATION.

Caption title below an Oxford rule:] *SIXIEME* | LETTRE | *D'UN* | ÉVÊQUE FRANÇOIS | *A LA NATION.*

8°   A⁸ B⁸(–B8) $4 signed (–A1).

pp.[1] title, [2] blank, 3-30 text, with caption title on 3. Text dated at end 'Ce 22 mai 1789'.

Catchword: 16 les

Typography: fourth line of title in ornamental type.

Paper: white laid.   *Watermark:* grapes.

Note: The work was printed in the summer of 1789 by Fauche-Borel (Neuchâtel), each letter being sent to the printer as it was written (Godet, i.404-405).

Copy: N (ZR 664).

8   *Epigrammes de la Mouche du coche*   [1789]

8.a   No title; two leaves (210 × 130 mm) unsigned.

pp.[1] *Le nouveau règne, Le bas-relief, Analyse,* [2] *Arbitrage, Les Vandales,* [3] *L'orateur sollicité, Nouveau ministère,* [4] continuation of *Nouveau ministère.*

Typography: Titles in italic capitals; Oxford rule at top of p.(1); typographic ornament at end of p.[4]; rules between the poems.

PLAINTE

ET

DÉFENSE

DE

THÉRESE

LE VASSEUR.

Item 9.a

Note: In a letter of 5 January 1790 to Chambrier d'Oleyres, Isabelle de Charrière writes, with reference to the quotation given from La Fontaine in the title page of her *Eclaircissemens* (see item 10 below and note): 'Je n'ai pu me résoudre à me cacher mieux que je n'ai fait, et m'étant signée quelquefois *la Mouche du coche*, l'épigraphe est presque une signature'. The fourth epigram in the present collection is signed 'La mouche du coche'; this and the autograph corrections on the surviving copy suggest that the work is by Isabelle de Charrière. This copy is reproduced by m. J.-D. Candaux in his article, 'Répertoire chronologique des éditions d'Isabelle de Charrière conservées dans les principales bibliothèques de la Suisse, 1771-1809', *Musée neuchâtelois*, 3e série, 15e année (1978), pp.49-62. Printed by Spineux (Neuchâtel), November 1789.

Copy: BPU (Ms. fr. 4750).

9   *Plainte et défense de Thérèse Levasseur*   [1789]

9.a   *PLAINTE* / *ET* / DÉFENSE / DE / *THÉRESE* / LE VASSEUR.

8°   (185 × 112 mm uncut)   Eight leaves unsigned.

pp.[1] title, [2] blank, [3]-12 text, [13]-[16] blank.

Typography: first line of title in hollow type; sixth line in ornamental type.

Paper: white laid.   *Watermark:* scroll.

Note: Published by Fauche-Borel, Neuchâtel, December 1789. On 4 December Du Peyrou wrote to mme de Charrière, after receiving the manuscript (Godet, i.421):

Il n'y a qu'une voix pour l'impression; je fais chercher Fauche, je lui propose le pamphlet, et sur parole il le prend, m'en promet une épreuve ce matin, que j'attends [...] Vous verrez cela, j'espère, dès demain, en beaux caractères d'impression. Fauche part demain pour Besançon et il emportera cela avec lui, mais je vous conseille d'envoyer un exemplaire ou deux à Paris pour ou à un libraire, afin qu'il le réimprime et le fasse courir dans la Capitale, où certainement il prendra.

On the fate of the copies sent to Paris, mme de Charrière wrote to Benjamin Constant on 29 May 1790 (Godet, i.424):

On n'a plus trouvé de *Thérèse Levasseur* chez les libraires à Paris il y a déjà longtemps, et cependant il ne m'est pas revenu qu'on en ait beaucoup parlé. Les amis de Mme de Staël auraient-ils jeté au feu tout ce qu'on en avait envoyé? [. . .] Cette folie a fort amusé le petit nombre de lecteurs à qui j'ai pris la peine de l'envoyer, et à Neuchâtel elle a eu grande vogue. Elle ne coûtait qu'un batz à la vérité, ou deux tout au plus.

Copy: N (1 RD 167).

See illustration.

9.b Plainte et défense de Thérèse Levasseur par Madame de Charrière.

Hippolyte Buffenoir, 'Thérèse Levasseur; plaidoyer en sa faveur, par Madame de Charrière (décembre 1789)', *La Révolution française* (1920), lxxiii.115-26. Text on pp.121-25, reprint of 9.a.

10 *Eclaircissemens* [1790]

10.a ÉCLAIRCISSEMENS / *RELATIFS* / A LA PUBLIC ATION / *DES CONFESSIONS* / DE ROUSSEAU, / *Avec des réflexions ſur la réputation, les apo-* / *logies de MM.* CERUTI & D'HOLBACK, / *ſur le moment préſent, &c.* / [*rule*] / Dame Mouche s'en va chanter à leurs oreilles / Et fait cent ſottiſes pareilles. / *Voye͜z, dans la Fontaine, La Mouche du Coche.* / [*rule*]

8° (195×125 mm cut) A-B⁸ $4 signed.

pp.[1] title, [2] blank, [3]-31 text, [32] blank.

Catchword: 16 ne

Typography: fifth line of title in hollow type. The last word on the title page is followed by a comma in the Neuchâtel copy.

Paper: white laid. *Watermark:* grapes and letters.

ÉCLAIRCISSEMENS

RELATIFS

A LA PUBLICATION

DES CONFESSIONS

DE ROUSSEAU,

Avec des réflexions fur la réputation, les apo-
logies de MM. CERUTI & D'HOLBACK,
fur le moment préfent, &c.

par Mad.ᵉ de Charriere, C.D.

Dame Mouche s'en va chanter à leurs oreilles
Et fait cent fottifes pareilles.
 Voyez, dans la Fontaine, la Mouche du Coche.

Perrin.

Item 10.a

Note: Printed by Fauche-Borel, Neuchâtel, January 1790. On 26 December 1789 Du Peyrou wrote to mme de Charrière: 'Je suis bien impatient de voir les *Eclaircissements* [...] Ils doivent être prêts aujourd'hui' (Godet, i.429). On 5 January 1790 mme de Charrière sent a copy 'encore toute mouillée' to Chambrier d'Oleyres (Godet, i.432).

Copies: BCU (M 6891), BL (116.k.62), MH (Philippe Godet's copy), N (1 R 771a).

See illustration.

11 *Eloge de Jean-Jacques Rousseau* 1790

11.a ÉLOGE / *DE* / JEAN-JACQUES ROUSSEAU, / *Qui a concouru pour le prix de* / *L'Académie Française.* / [*rule*] / His words were Musick his thoughts celestial dreams. / [*rule*] / [*device*] / A PARIS, / Chez GRÉGOIRE, Libraire, rue du Coq / Saint-Honoré, / [*short swelled rule*] / 1790.

8° (207×125 mm cut) A-C⁸ D⁶ $4 signed (–A1-3, B4, D4).

pp.[*i*] title, [*ii*] advertisements, [*iii*]-*vj* Avis de l'Editeur, [7]-56 text, 57-60 Notes de l'Editeur, 60 at foot, imprint: 'De l'Imprimerie de *Calixte Volland*, quai des Augustins n°. 25'.

Catchwords: 32 son 48 C'est

Paper: white laid. *Watermark:* grapes and Strasbourg bend.

Notes: From the *Notes de l'Editeur* and *Avis de l'Editeur* we learn that the manuscript was submitted on 26 May 1790 and that the work was seen through the press by Marmontel. It was on sale at the end of January 1791 in two editions: 600 copies of the 8° edition were printed and 400 of the 12° edition. Price 12 sols. (Godet, i.437, n.2).

Copies: BN (Ln²⁷ 17984), BPU (Hf 2700).

11.b ÉLOGE / [&c., as for 11.a].

12° (179×106 mm cut) A-B¹² C⁶. $6 signed (–A1-3, C4-6).

Contents and paper as for 11.a.

Catchwords: 24 peut-il 48 C'est

Copies: B (L 4933: Philippe Godet's copy), N (1RD 107: Th. Dufour's copy).

See illustration.

12 *Aiglonette et Insinuante* 1791

12.a AIGLONETTE / ET / *INSINUANTE,* / OU / LA SOUP LESSE. / *CONTE.* / [*rule*] / 1791.

8° (184×120 mm cut) A⁸ A2-A4 signed.

pp.[1] title, [2] author's introductory note, [3]-15 text, [16] blank.

Typography: fifth line of title in ornamental type.

Note: Published by Fauche-Borel, Neuchâtel, May 1791 (Godet, ii.45-46). The author's note refers to the imprisonment of the bookseller of *Bien-Né.* (See above, 5.c, note).

Copy: N (ZR 660, with autograph corrections possibly by the author).

12.b LETTRE A M. NECKER / SUR / SON ADMINISTRATION, / ECRITE PAR LUI-MÊME; / *SUIVIE* / D'AIGLONETTE / ET / INSINUANTE, / CONTE, / par l'Auteur de Bien-né; / DES TROIS REGNES, / CONTE, PAR M.***, / ET D'UN DÉCRET / SUR LA CONSTITUTION CIVILE / DU CLERGÉ. / [*short Oxford rule*] / 1791.

8° (210×130 mm uncut) π²(–π2) A⁸ B⁶ C⁸ [D]1(=π2) $4 signed (–B4).

ÉLOGE

DE

JEAN-JACQUES ROUSSEAU,

Qui a concouru pour le prix de l'Académie Française.

His words were Musick his thoughts celestial dreams,

A PARIS,

Chez GRÉGOIRE, Libraire, rue du Coq
Saint-Honoré,

1790.

Item 11.b

pp.[i] title, [ii] blank, [1]-6 *Lettre à M. Necker*, [7] fly title, AIGLO-
NETTE / ET / INSINUANTE, / OU / LA SOUPLESSE. / CONTE. /
PAR L'AUTEUR DU BIEN-NÉ. / [*short rule*] / 1791., [8] preface,
9-23 *Aiglonette et Insinuante*, [24] blank, 25-28 *Décret additionnel*, [1]
fly title, [2] blank, [3]-15 *Les Trois règnes*, [16]-[18] blank.

Catchword: 16 pas

Paper: white laid.   *Watermark:* grapes and FIN. . .

Note: On pp.8-23: a reprint of 12.a. The preface names Desauges,
G.D.X., and Denné as the booksellers who were imprisoned for pub-
lishing *Bien-Né*. (See above, item 5.c, note.) Probably published in Paris.

Copies: BN (Rés Lb³⁹ 4982), VP (965086).

13   *Lettres trouvées dans la neige*   [1793]

13.a(1)   *LETTRE* / D'UN FRANÇOIS, / ET / *RÉPONSE* /
D'UN SUISSE. / (*Ces Lettres ont été trouvées dans la neige, à* / *quelque*
diſtance du Locle, le dernier jour de / *la foire de Neuchatel. C'eſt l'original*
de la / *premiere, qui avoit été perdu avec la copie de* / *la ſeconde. L'éditeur*
de ces Lettres, ne voulant / *riſquer de nuire à perſonne, a ſubſtitué des* /
étoiles au nom d'un homme inconnu & à celui / *d'une ville très-connue.*)

8°   (210 × 125 mm cut)   [A]⁸

pp.[1] title, [2] blank, [3]-15 text, [16] blank.

Typography: first two lines of title in hollow type; fourth line in ornamental type.

13.a(2)   *Caption title below a border of typographical ornaments:*]
SUITE / *DE LA* / CORRESPONDANCE / *D'un François & d'un*
Suisse.

8°   [A]⁸

pp.[1]-15 text, [16] blank.

Typography: third line of title in ornamental type.

13.a(3) *SECONDE SUITE | DE LA | CORRESPONDANCE |* D'UN SUISSE ET D'UN FRANÇOIS.

8º [A]⁸

pp.[1] title, [2] blank, [3]-15 text, [16] blank.

Typography: third line of title in ornamental type.

13.a(4) *Caption title below a border of typographical ornaments:*] TROISIEME SUITE | *DE LA* | CORRESPONDANCE | *D'UN SUISSE ET D'UN FRANÇAIS.*

8º A⁸ B⁸ (–B8) $4 signed.

pp.[1]-30 text.

Catchword: 16 de

Typography: last word of title has ending in AIS.

Paper: white laid.   No watermark apparent.

Note: The letters (ten in all) are dated from 31 January to 17 April 1793. The composition of the work, in response to a letter of 10 February 1793 from Charles-Godefroi de Tribolet, has been described by Godet (ii.47-49). On 14 February the first part was sent to the printer: 'Le 14 au matin, le petit écrit était chez l'imprimeur. Hier, il a dû être achevé d'imprimer, et je pense qu'il paraîtra aujourd'hui sous le titre de *Lettre d'un Français et réponse d'un Suisse*' (Godet, ii.49: letter from mme de Charrière to mme de Sandoz-Rollin, February 1793). The remaining parts of the work seem to have been sent to the printer as they were written. Probably printed by Fauche-Borel (Neuchâtel).

Copies: B (A 10325²⁰, incomplete: part 4 wanting), BCU (NE 3398), N (QD 2389, ZR 670).

14   *Lettres trouvées dans des porte-feuilles d'émigrés*   1793

14.a LETTRES | TROUVÉES | DANS DES PORTE-FEUILLES |D'ÉMIGRÉS. | [*device*] | A PARIS. | [*double rule*] | *Août* 1793.

12° (158×91 mm cut)   In 8s and 4s: A-K⁸/⁴ L⁸ M² $4/2 signed.

pp.[1] title, [2] blank, [3]-140 text.

Catchwords: 16 comme   24 nous   40 dusés,   48 visage   64 la   72 qui   88 LETTRE   96 nes   112 désormais   120 statut   136 tiennes

Note: Proofs of the edition were corrected by Benjamin Constant in the summer of 1793, and it was printed in August at Lausanne by Durand; Fauche-Borel had refused to print the work, finding it 'd'un républicanisme enragé' (Godet, ii.57, 61-63).

Copies: N (ZR 659: from the library of mme César d'Ivernois, with leaf inserted at end containing a list of errata in a nineteenth-century hand alleged to be from Ph. Godet's copy 'd'après celles que Mme de Charrière a faites dans l'ex. de Chambrier d'Oleyres').

14.b   Briefe aus den Papieren einiger Emigrirten.   Von der Verfasserin des Lustspiels: Schweizersinn.

Friedens-Präliminarien, Berlin: Voss, Bd. 3 (1794), 60-83, 166-184, 305-330; Bd. 4 (1794), 90-104, 267-275.

Note: Translation by L. F. Huber of Letters 1-5, 7-24 of the original (here numbered 1-23). In the same periodical, Bd. 6 (1794), 1-73, there appeared a continuation (letters numbered 24-39) of mme de Charrière's work by Therese Huber.
   Reviewed in *ALZ*, Bd. 4, N° 372 (25 November 1794), col. 419.

Copies: G, NLB. Reprint (Nendeln: Kraus, 1972) in BL, C.

14.c   Alphons und Germaine; oder Briefe aus den Papieren einiger Emigrirten. Berlin, in der Vossischen Buchhandlung, 1795.

8°   pp.252.

Note: Announced in *Klio,* 1796, 3. Heft (March 1796), pp.381-82, as 'Aus den Friedenspräliminarien besonders abgedruckt'. Reviewed in *NADB*, Bd. 24, St. 1 (1796), p.93.

Copy: WSL (A 137-484, Bibl. Gugitz).

15   *L'Emigré*   [1794]

15.a   L'ÉMIGRÉ, | *COMÉDIE* | EN TROIS ACTES. | [*swelled rule*] | 1793.

8°   (170×103 mm cut)   A-D⁸ E² $4 signed (–E2).

pp.[1] title, [2] *Acteurs*, [3]-66 text, [67]- [68] blank.

Catchwords: 16 Mad.   32 trouve   48 JULIE   64 *SCENE*

Paper: white laid

Note: On 15 January 1794 mme de Charrière wrote to Chambrier d'Oleyres: '[*L'Emigré*] est sous presse. Cette fois, j'ai fait imprimer seulement 100 exemplaires, et à mes frais; on m'enverra toute l'édition.' Printed by Spineux (Neuchâtel). It had already been translated into German by L. F. Huber (Godet, ii.84).

Copies: B (L 4970 Rés: pp.17-18 wanting; manuscript corrections in a contemporary hand), N (ZR 663; manuscript corrections in a contemporary hand).

See illustration.

15.b   Schweizersinn, ein Lustspiel in drei Aufzügen. Nach dem Französischen Manuskript: l'émigré, von der Frau von C***, übersetzt von dem Herausgeber der Friedens-Präliminarien.

Friedens-Präliminarien, Berlin: Voss, Bd. 2 (1794), 193-240.

Note: Reviewed in *ALZ*, Bd. 4, N° 372 (25 November 1794), col. 417.

Copies: G, LU (2070/5.8), NLH.   Reprints (Nendeln: Kraus, 1972), in BL, C.

15.c   Schweizersinn. Lustspiel in drei Aufzügen. Nach dem Französischen Manuskript: *L'Emigré* von der Frau von C*** übersetzt von dem Herausgeber der Friedens-Präliminarien. Berlin, 1794. In der Vossischen Buchhandlung.

L'ÉMIGRÉ,

COMÉDIE

EN TROIS ACTES.

1793.

Item 15.a

Schweizersinn.

Lustspiel in drei Aufzügen.

Nach dem Französischen Manuskript:

L'ÉMIGRÉ

von der Frau von C***

übersetzt von

dem Herausgeber der Friedens-Präliminarien.

Berlin, 1794.
In der Vossischen Buchhandlung.

Item 15.c

8° pp.VI, [7]-56. Vorrede, pp.[III]-VI.

Copy: BL (11748. e.30), Gr (Kl. Nstr. 88).

See illustration.

15.d   Madame de Charrière. L'Emigré, comédie en trois actes, 1793. Neuchâtel: Imprimerie Wolfrath & Sperlé, 1906.

12° pp.76.

Note: Edition based on Philippe Godet's copy from Chaillet's library with manuscript corrections by mme de Charrière.

16   *Der Trostlose*   1794

16.a   Der Trostlose. Ein Lustspiel in einem Aufzuge. Nach dem Französischen Manuskripte der Verfasserin von Schweizersinn.

Friedens-Präliminarien, Berlin: Voss, Bd. 4 (1794), 209-246.

Note: This is a translation by L. F. Huber of *L'Inconsolable,* which has remained unpublished in French. The work was completed by February 1794 (Godet, ii.103). On 14 June mme de Charrière wrote to Chambrier d'Oleyres: 'Je ne veux pas le faire imprimer en français: cela est trop cher' (Godet, ii.148).
    Reviewed in *ALZ,* Bd. 4, N° 372 (25 November 1794), col. 421-22.

Copies: G, NLH. Reprints (Nendeln: Kraus, 1972) in BL, C.

16.b   Der Trostlose. Ein Lustspiel in einem Aufzuge. Nach dem Französischen Manuskripte der Verfasserin von Schweizersinn, übersetzt von dem Herausgeber der Friedens-Präliminarien. Berlin, 1794. In der Vossischen Buchhandlung.

8° pp.IV, 5-50. Introduction dated May 1794. 'Aus den Friedenspräliminarien (Stücke XV. XVI.) einzeln abgedruckt' (p.[II]).

Copies: Gr (Kl. Nstr. 896), V (3367-A).

17   *Eitelkeit und Liebe*   1795

17.a   Eitelkeit und Liebe, ein Lustspiel in drei Aufzügen. Manuscript. *Neueres Französisches Theater, bearbeitet von L. F. Huber.* Erster Band. Leipzig, in der Peter Philipp Wolfischen Buchhandlung, 1795.

8°   *Contents:* four plays, separately paginated. The present item is first in the volume, pp.140.

Announced in *Klio*, 1795, 3. Heft (March 1795) and *BGFR*, 3tes St. 1795. Reviewed in *OAL*, 9ter Jahrgang, St. xxxiv (18 März 1796), col. 539-40; *ALZ*, Bd. I, N° 94 (23 März 1796), col.747-48; *NADB*, 1796, Bd. 27, St. 1, pp.122-23.

Note: Translation, by L. F. Huber, of *Elise ou l'Université*, which has remained unpublished in French. Written in 1794 (Godet ii.127-28).

Copy: SA (208 E 11).

17.b   Eitelkeit und Liebe, Lustspiel in drei Aufzügen, bearbeitet von L. F. Huber, Leipzig: Wolf, 1795.   8°.

Announced in *Klio*, 1795, 9. Heft (September 1795) and *BGFR*, 14tes St. 1795. Probably a reissue of item 17.a.

Copy not located.

17.b *bis*   Eitelkeit und Liebe, ein Lustspiel in drey Aufzügen. Nach dem Französischen bearbeitet von L. F. Huber. Grätz, 1798, pp.115.

Neue Sammlung Deutscher Schauspiele, Jhg.iii, Bd. 4 (Grätz 1798).

Copy: WSL (A 15.218/28).

17.c   Eitelkeit und Liebe, ein Lustspiel in drei Aufzügen, bearbeitet von L. F. Huber. Neue unveränderte Auflage. Frankfurt am Main, 1819, bei den Gebrüdern Sauerländer.

Neueres Französisches Theater, bearbeitet von L. F. Huber. Erster Band. . . Neue unveränderte Auflage. Frankfurt am Main, 1819, bei den Gebrüdern Sauerländer.

8º   *Contents:* three plays, separately paginated. The present item is first in the volume, pp.140.

Note: This is a reissue of item 17.a with a new title page.

Copy: G (8º P. Dram. II 3496^m)

17.d   Eitelkeit und Liebe . . . Neue Auflage . . . Frankfurt a. M.: Sauerländer, 1819.

Cited by Heinsius and Kayser. Probably a separate issue of item 17.c.

Copy not located.

18   *Trois femmes*   1795

18.a   Drei Weiber. / [*dash*] / Eine Novelle / von / dem Abbé de la Tour. / [*short swelled rule*] / Aus / dem französischen Manuskript über setzt / von / L. F. Huber. / [*rule*] / Cogitans dubito. / [*swelled rule*] / Leipzig, / in der Pet. Phil. Wolfischen Buchhandlung. / 1795.

8º   (173 × 106 mm cut)   A-P^8 Q^4 $2 signed. On direction line $1 (–A1): Drei Weiber.

pp.[1] title, [2] blank, [3]-[10] Introduction, [11] fly title: Drei Weiber., [12] blank, [13]-146 text of *Drei Weiber*, [147] fly title: Anhang. / [*dash*] / Briefe aus Altendorf / an den / Abbé de la Tour., [148] blank, [149]-248 text of *Briefe aus Altendorf*.

Catchwords: 16 mal   32 leid   48 Zukunft,   64 ort   80 daß   96 Croix   112 neh-   128 Pistolen   144 ser   160 Vaters   176 plump; 192 Kinder,   208 Es   224 ihn   240 Indem

Typography: Q2 missigned P2. p.115 misnumbered 116.

97

Note: The work was written in order to be published by subscription for the benefit of Angélique-Marie d'Arlus, comtesse de Montrond, an émigré living in England. The German translation appeared before the English edition of the French text, and was published in the autumn of 1795. (See below, item 18.b, note, and Godet, ii.217.)

Announced in *Klio*, 1795, 10. Heft (October 1795) and in *BGFR*, 14tes St. 1795: there were two issues, (1) 'Schreibpapier, (2) 'Velin-papier geglättet'. Reviewed in *OAL*, 9ter Jahrgang, St. lxxvii (27 Juny 1796), col.1231-32, *ALZ*. Bd. 3 N⁰ 208 (6 Julius 1796) col.45-46, *NADB*, Anhang zum 1sten-28ten Bde, 1ste Abth. (1797), 208-209. Price 20 gr.

Copies: N (ZR 747, Philippe Godet's copy), SA (AB 115 214).

See illustration.

18.b(1)   LES / TROIS FEMMES: / *NOUVELLE.* / [*Oxford rule*] / Par l'auteur des Lettres de Lau-/ sanne, publiée pour le soulage-/ ment d'une de ses amies dans le / malheur. / [*Oxford rule reversed*] / EN DEUX VOLUMES.–VOL. I / [*short swelled rule*] / A LONDRES: / *De l'Imprimerie de Baylis, Greville-Street:* / Et se trouve chez J. Deboffe, Gerrard- / Street; Dulau & Co., Wardour-Street, / & chez tous les Marchands de Nouveautés, / [*dash*] / 1796.

12⁰   (146×89 mm cut) In sixes: [A]² B-O⁶ $3 signed.   On direction line $1 (–B1): vol. I.

pp.[i]-[ii] blank, [iii] title, [iv] blank, [1]-4 Introduction, 5-156 *Les Trois Femmes*.

Catchwords: at end of each page of text.

Figures: 90-2   110-2   122-2   134-2

18.b(2)   LES / TROIS FEMMES: / ... VOL. II. ...

[A]1 B-M⁶ N⁴ $3 signed (–N3).   On direction line $1: vol. II.

pp.[i] title, [ii] blank, [1]-137 Lettres I-XII, [138] blank, [139]-[140] Table des lettres.

Catchwords: at end of each page of text.

Drei Weiber.

Eine Novelle

von

dem Abbé de la Tour.

Aus

dem französischen Manuskript übersetzt

von

L. F. Huber.

Cogitans dubito.

Leipzig,
in der Pet. Phil. Wolfischen Buchhandlung.
1795.

Item 18.a

Figures: 76-1   92-2   98-2   120-2

Paper: white laid.   *Watermark:* 17 LEPARD 95.

Note: On 16 March 1796 mme de Charrière wrote to Chambrier d'Oleyres (Godet, ii.217):

Je vous annonce, Monsieur, à vous qui êtes un peu prévenu pour moi, un petit ouvrage ayant pour titre *Trois femmes*. J'en avais fait présent, il y a dix mois à peu près, a Mme de Montrond, qui depuis la mort de M. Du Peyrou, ne savait de quoi subsister. Elle est enfin venue à bout d'obtenir des souscriptions, et je pense que les *Trois femmes* sont actuellement imprimées. On les a déjà vendues en allemand à Leipsick l'automne passé.

A further letter of 23 January 1797 to the same correspondent, records mme de Charrière's reactions to the London edition (Godet, ii.218):

Après des retards infinis, la souscription a eu lieu. J'osais me flatter qu'elle se-rait, non aussi brillante que celle qu'on fit pour *Adèle de Sénanges* [by mme de Flahaut], mais qu'elle rapporterait la moitie ou les deux tiers de celle-là. Les temps avaient changé; l'empressement des Anglais pour les émigrés n'etait plus le même. Cela ne vous surprendra peut-être pas, mais ce qui est en droit, ce me semble, de vous surprendre, c'est que M. de Lally, Mme d'Hénin, Mme de Devonshire et autres, n'ayant pas trouvé le petit livre assez moral, assez décent, on s'est permis de le mutiler. C'est M. de Lally qui a été, si je ne me trompe, l'épurateur des *Trois femmes*. On m'a envoyé deux exemplaires de mon ouvrage ainsi changé à mon insu, mais ils ne me sont pas parvenus encore [. . .] j'ai envoyé en Angleterre une lettre anglaise à mettre dans quelque papier public, où je m'égaie un peu sur la délicatesse exclusive du beau monde anglais d'aujourd'hui, délicatesse telle, que Fielding, s'il vivait, serait obligé de réformer son *Tom Jones,* et Richardson d'ôter Lovelace de l'histoire de Clarisse. M. de Salgas, qui avait trouvé mes *Trois femmes* point trop scan-daleuses et qui les aimait comme elles étaient, m'a dit qu'il les ferait volontiers réimprimer, et ce matin il doit avoir reçu mon manuscrit.

No trace of the subscription list has been found. The work was an-nounced in the *Monthly Magazine*, viii, September 1796, vol.ii, p.650, price 5s.

See, on the textual changes in this edition, the articles of Hermann, Lonchamp and Candaux listed below p.143.

Copies: BN (pY² 2309), CtY, N (ZR 745, vol.ii, Philippe Godet's copy; ZR 909, ZR 978).

18.c(1)   LES / TROIS FEMMES. / NOUVELLE / DE M. L'ABBÉ DE LA TOUR. / PUBLIÉE / *PAR L'AUTEUR DE CALISTE.* / [*rule*] / TOME I. / [*short rule*] / *A PARIS,* / Chez MOURER et PINPARÉ, Libraires. / Nº. 42 Rue André-des-Arcs. / [*short rule*] / 1797.

12º   (154×95 mm cut)   pp.xij, 168.

Collation and contents the same as item 18.d(1).

18.c(2)   LES / TROIS FEMMES. / . . . TOME II. / . . .

pp.139. Collation and contents the same as item 18.d(2).

Reviewed in *JLL*, juillet 1797, viii, nº 7, pp.135-36; *JP*, 16 Messidor an VI (4 July 1798), pp.1201-1202. (These reviews could also refer to item 18.d.)

Note: Godet, ii.217, note 1, refers to 'l'édition de Lausanne, qui parut fin juin 1797' as being, according to mme de Charrière, full of 'ridicules fautes'. He identifies this with the edition which was to be undertaken by de Salgas (see item 18.b, note), who entrusted the task to Benjamin Constant's uncle, presumably Samuel de Constant. In August 1798 mme de Charrière writes to Benjamin Constant: 'C'est M. votre oncle qui s'étoit chargé de les faire imprimer à Lausanne pour obliger M. de Salgas. Il m'a traitée comme il se traite lui-même, avec une extrême négligence' (MSS Constant, BCU). There are further references to the Lausanne edition in Godet, ii.276 (letter from Huber to Usteri). These references are presumably to the present edition which in spite of the imprint 'Paris' was probably printed for Mourer (Lausanne) in Switzerland.

Copies: DeGe, OLak.

18.d(1)   LES / TROIS FEMMES. / NOUVELLE / DE M. L'ABBÉ DE LA TOUR. / PUBLIÉE / *PAR L'AUTEUR DE CALISTE.* / [*rule*] / TOME I. / [*short rule*] / *A PARIS,* / Chez les LIBRAIRES DE NOUVEAUTÉS. / [*short rule*] / 1797.

12º   (154×95 mm cut)   a⁶ A¹²(–A1) B–G¹² $6 signed (–a4, a6)   On direction line B1: *T.I.*

LES
TROIS FEMMES.

NOUVELLE

DE M. L'ABBÉ DE LA TOUR.

PUBLIÉE

PAR L'AUTEUR DE *CALISTE*.

TOME I.

À PARIS,

Chez les LIBRAIRES DE NOUVEAUTÉS.

1797.

pp.[i] title, [ii] blank, [iii]-xij Avant-propos, [3]-168 text of *Les Trois Femmes*.

Catchwords: xij LES   24 Emilie,   48 Peu   72 un   96 à   120 noir   144 parens

The title page to vol.i exists in two states: one as described above, the second as follows:

LES / TROIS FEMMES. / . . . PUBLIÉ PAR Mme DE***. / . . .

See illustration.

18.d(2)   LES / TROIS FEMMES. / . . . PUBLIÉ / *PAR* . . . TOME II. . .

A–E¹² F¹⁰ $6 signed   On direction line $1: *T.II.*

pp.[1] title, [2] blank, [3]-139 Lettres I-XIII, [140] blank.

Catchwords: 24 pagnie   48 voilà   72 Honoré   96 et   120 humilié

Paper: white laid.   *Watermark:* horn and letters STG.

Reviews: see item 18.c, above.

Copies: B (L 4934, Philippe Godet's copy), BPL (LL 1715), DLC, N (ZR 674, ZR 743, the second with vol. i title page in second state), Z (two copies).

18.e   Trois Femmes

See item 28.a(1) (Leipsic: Wolf, 1798)

18.f   Trois Femmes

See item 28.b(3) (Paris: Nepveu, 1808)

18.g   Trois Femmes

See item 28.d (Paris: Nepveu, 1809)

18.h   Drey Weiber. Nach dem Französischen bearbeitet von L. F. Huber. Neue Auflage mit sechs Kupfern. Frankfurt am Main, 1819. Bei den Gebrüdern Sauerländer.

8⁰   pp.248.

Note: This is a reissue of item 18.a with cancel title.

Copies: G (8⁰ Fab. V, 185 ¹ᵇ²), OT (Fiedler J 2500).

18.i   Drey Weiber.   Nach dem Französischen bearbeitet von L. F. Huber. Neue Auflage mit Kupfern. Leipzig, bey Phil. Wolf und Comp. 1822.

8⁰   pp.248.

Note: A further reissue of item 18.a with cancel title.

Copy: NLH (Lr 7195, 3).

18.j   Trois Femmes. *Nouvelle* de l'abbé de la Tour (Madame de Charrière). Réimprimee sur le texte de la *seconde edition*, illustree de *six* estampes dessinées par *P. Legrand*, ornée, en plus, d'un portrait de l'auteur d'après un pastel de *La Tour* et d'un cartouche original de *Duncker*. Orell-Fussli-1798-à Zurich. *Lausanne:* F. C. Lonchamp, 1942.

8⁰ pp.181.

Reissued, Genève, P. Cailler, [1945] (Collection d'etudes, de documents et de curiosités littéraires, vol. 3).

18.k   Trois Femmes

See item 32 (Bibliothèque romande, 1971).

19   *Honorine d'Userche*   1796

19.a   Honorine von Üserche, / oder / die Gefahr der Systeme. / [*dash*] / Eine Novelle / von / dem Abbé de la Tour. / [*short swelled rule*] / Aus / dem französischen Manuskript übersetzt / von / L.F. Huber. / [*rule*] / Cogitans dubito / [*swelled rule*] / Leipzig, / in der Pet. Phil. Wolfischen Buchhandlung / 1796.

8°   (150×98 mm cut)   A-M⁸ N⁸ (–N8). $1 signed.

pp.[1] title, [2] blank, [3]-[12] introduction, [13] fly title: Honorine von Üserche., [14] blank, [15]-205 text, [206] blank.

Catchwords: 16 andre   32 zu   48 daß   64 genblick   80 war,   96 noch   112 mei-   128 Geist-   144 Frau   160 "einge-   176 gefun-   192 damals

Note: The work was completed early in 1796 and on 16 March mme de Charrière informed Chambrier d'Oleyres that it was to be published shortly (Godet, ii.242):

Honorine a été conçue, écrite, traduite presque en un instant, et jamais rien n'a dû avoir autant qu'elle le mérite d'une *prima intenzione*. Nous verrons si cette intention plaît au public. La traduction est fort bonne, à ce qu'il m'a paru. On me l'a lue avant de l'envoyer à l'impression, et je me suis donné les airs d'y faire changer certaines choses. Vous voyez, Monsieur, que je crois entendre l'allemand.

Reviewed in the following periodicals: *OALZ*, 1796, 9ter Jahrgang, 2te Jahreshälfte, St. cx (14 September 1796), col.530; *ALZ*, Bd. 4, N° 311 (4 October 1796), col.30-31 [by A. W. von Schlegel]; *NADB*, Bd. 30 (1797), St. i.191-92. Announced in *Klio* 1796, 4. Heft (April 1796) and *BGFR* St. 21, 1796.

According to the announcements in *Klio* and *BGFR* there were two issues: one on 'Schreibpapier' at 14 gr., and one 'auf geglättetem Schweizer Velinpapier', 1 rthlr.

Copies: Hei, Lei (205 S 8°), SA.

19.b   Honorine d'Userche

See item 28.a(2) (Leipsic: Wolf, 1798).

Note: According to Usteri, followed by Quérard and Cioranescu, a French edition of *Honorine d'Userche,* 12º, was published in Geneva in 1796. Quérard states that it was 'publiée sous le pseudonyme de l'abbé de La Tour'. No such edition has been located, and there is no evidence in mme de Charrière's correspondence to suggest that *Honorine* appeared in French before 1798.

19.c   Honorine d'Userche

See item 28.b(2) (Paris: Nepveu, 1808.

19.d   Honorine d'Userche

See item 28.c(1-2)   (Londres: Colburn, 1808).

19.e   Honorine von Üserche, oder die Gefahr der Systeme. Eine Novelle von dem Abbé de la Tour. Aus dem französischen Manuskript übersetzt von L. F. Huber. Neue unveränderte Auflage. Frankfurt am Main, bei den Gebrüdern Sauerländer, 1819.

8º   pp.205.

Note: This is probably a reissue of item 19.a with a new title page.

Copy: BSM (P.o. gall. 372ᵖᵈ).

19.f   Honorine d'Userche. Frankfurt am Main: Sauerländer, 1819. 8º.

Copy not located. Cited by Heinsius as 'in franz. Sprache.'

20   *Du und Sie*   1796

20.a   Du und Sie, ein Lustspiel in drei Aufzügen.

Neueres Französisches Theater, bearbeitet von L. F. Huber. Zweiter Band. Leipzig, in der Peter Philipp Wolfischen Buchhandlung, 1796.

8⁰   *Contents:* four plays, separately paginated, of which the present item is first in the volume, pp.95.

Reviewed in *NADB*, Bd.32 (1797), St. i.150; *ALZ*, Bd. 3, N⁰ 239 (29 Julius 1797), col.262. Announced in *Klio* 1796, 4. Heft (April 1796).

Note: Translation by L. F. Huber of *La Parfaite liberté ou les vous et les tu* which has remained unpublished in French. The play was written in 1794 (Godet, ii.106).

Copy: SA (208 E 12).

20.b   Du und Sie, ein Lustspiel in drei Aufzügen; bearbeitet von L. F. Huber, Leipzig: Wolf, 1796. 8⁰.

Announced in *Klio* 1796, 4. Heft (April 1796), price 6 gr.; *BGFR*, St. 21, 1796.   Probably a reissue of item 20.a.

Copy not located.

20.b *bis*   Du und Sie. Ein Lustspiel in drey Aufzügen, bearbeitet von L. F. Huber. Grätz, 1798, pp.79.

Neue Sammlung Deutscher Schauspiele, Jhg. iii, Bd. 12 (Grätz 1798).

Copy: WSL (A 15.218/36).

20.c   Du und Sie, ein Lustspiel in drei Aufzügen.

Neueres Französisches Theater, bearbeitet von L. F. Huber. Zweiter Band . . . Neue unveränderte Auflage. Frankfurt am Main, 1819, bei den Gebrüdern Sauerländer.

8⁰   *Contents:* four plays, separately paginated. The present item is first in the volume, pp.95.

Note: This is a reissue of item 20.a with a new title page.

Copy: G (8⁰ P. dram. II 3496ᵐ).

20.d Du und Sie ... Neue Auflage ... Frankfurt a. M.: Sauerländer, 1819.

Cited by Heinsius and Kayser. Presumably a separate issue of item 20.d. Copy not located.

21 *Le Bavard* 1797

This is a periodical, of which only two numbers were published, and for which de Salgas obtained a number of subscribers. No copy has been located.

See Godet, ii.257 and note. [The forthcoming edition of the correspondence of Isabelle de Charrière will suggest that the periodical was published in 1797, not in 1798, as Godet suggested.]

22 *La Nature et l'art* 1797

22.a LA / NATURE / ET / L'ART. / ROMAN, / PAR MISTRISS INCHBALD. / *auteur de Simple Histoire;* / NOUVELLE TRADUCTION, / PAR Mlle. DE G***. ET Mme. DE C***. / [*device*] / PARIS, / [*swelled rule*] / 1797.

8° (207 × 125 mm cut) π1 A-P⁸ $4 signed.

pp.[i] title, [ii] blank, [1]-119 text, part I. [120] blank, [121]-240 text, part II.

Catchwords: 16 son 32 évènement 48 Eh! 64 Quoi! 80 triste 96 occupés 112 "Monsieur, 128 dit 144 étoit 160 quand 176 CHAPITRE 192 partir 208 avoit 224 Il

Typography: the fourth line of the title is in hollow type. Chapter XI is headed: CHAPITRE II. On direction line A1, C1: *I. Partie.*; D1-H1: *Partie I.*; H5, I1-L1, N1, P1: *Partie II.*; M1: *II. Partie.*

Note: Printed by Fauche-Borel (Neuchâtel) and published in August or September 1797. The proofs were corrected by Henri de Meuron. See Godet, ii.258-59. Mme de Charrière's co-translator was Isabelle de Gélieu.

The English text of Elizabeth Inchbald's *Nature and art* (London: G. G. and J. Robinson, 1796, 2 vols) was, according to the *London chronicle* of 1-3 March 1796, 'This Day [. . .] published'.

Copies: B (L 6607, Philippe Godet's copy), N (ZR 677).

23 *Réponse à l'écrit du colonel de La Harpe* 1797

23.a RÉPONSE | *A L'ÉCRIT DU* | COLONEL DE LA HARPE, | INTITULÉ: | DE LA NEUTRALITÉ | *DES GOUVERNANS DE LA SUISSE* | depuis l'année 1789. | [*ornamental swelled rule*] | [*short swelled rule*] 1797.

8° (196 × 120 mm cut) A^8 B^4 C^2 Signed: A2-A4, B1-B2, C1.

pp.[1] title, [2] Avertissement, 3-26 text, [27]-[28] blank.

Catchwords: 16 enlevez 24 sur

Paper: white laid. *Watermark:* grapes and letters.

Note: This is a reply to the following pamphlet: *De la neutralité des gouvernans de la Suisse, depuis l'année 1789, Par le Colonel Fréderick-César Laharpe* . . . Paris: Batilliot frères, l'an Ve de la Rép. (1797), 8°, pp.69. Godet suggests that mme de Charrière's pamphlet was published late in 1797 or at the beginning of 1798 (Godet, ii.275 and 411).

Copies: BCU (A 1206/26^9, imperfect, pp.27-28 wanting), N (ZR 670a, 68.4.27b, with autograph corrections, apparently by the author).

24 *Les Ruines de Yedburg* 1798

24.a Die Ruinen von Yedburg, von der Frau von Ch. . . . . . , Verfasserin von Calliste, Alphons und Germaine, Drei Weiber, Honorine von Userohn, u.s.w., aus dem französischen Manuscript übersetzt.

Flora, Teutschlands Töchtern geweiht. Eine Monatschrift von Freunden und Freundinnen des schönen Geschlechts, Tübingen: Cotta, 1798. Sechster Jahrgang, Bd.iii, 9. Heft (September), pp.213-53; Bd.iv, 10. Heft (October), pp.6-48.

Typography: Misspelling 'Userohn' (for 'Userche') in title.

Note: The French text was completed by mme de Charrière in April 1798 (Godet, ii.282).

Copies: BSM, Mar (H67.670), S (Cd 129704).

24.b   Les Ruines de Yedburg

See item 28.a(3) (Leipsic: Wolf, 1799).

24.c   Die verfallene Burg. Nach dem Französischen des Abbé de la Tour frei bearbeitet. Leipzig, bei C. G. Weigel, 1801.

8º   pp.[iv], 118. Frontis. (engraving by Schnorr of Karl Waldham).

Reviewed in *ALZ*, Bd. 3 Nº 212 (23 Julius 1801), col.190. Price 12 gr.

Copies: Er. (Sch. L.I.49), SA.

24.d   Die verfallene Burg.   Leipzig: Hinrichs, 1806.   8º.

Copy not located. Listed by Goedeke.

24.e   Les Ruines de Yedburg

See item 28.b(1) (Paris: Nepveu, 1808).

24.f   Les Ruines de Yedburg

See item 28.c(3) (Londres: Colburn, 1808).

25   Sainte-Anne   1799

25.a   Sainte Anne

See item 28.a(3) (Leipsic: Wolf, 1799).

25.b   Babet von Etibal. Nach dem Französischen des Abbé de la Tour frey bearbeitet. Leipzig, bey C. G. Weigel, 1800. 221 S. im Taschenformat. (Nebst dem Porträt der Babet nach Schnorr von Hrn. Schmidt).

Reviews: OAL, 14ter Jahrgang, 1ste Jahreshälfte, St. xii (27 Jan. 1801), col.189-90 (price 21 gr.); *ALZ*, Bd. 2. No 116 (19 April 1802), col.149-50 (price 20 gr.); *LZ*, 7ter Bd. No 22 (4 Juny 1802), col.175.

Note: According to Kayser and Goedeke the translation is by Christian August Wichmann.

Copy not located. Described as above in *OAL*.

25.c   Babet von Etibal. Leipzig: Hinrichs, 1806. 8°.

Copy not located. Cited by Goedeke.

25.d   Sainte-Anne

See item 28.b(1) (Paris: Nepveu, 1808).

25.e   Sainte-Anne

See item 28.c(2-3) (Londres: Colburn, 1808).

26   *Briefwechsel zwischen der Herzogin von *** und der Fürstin von ****   1804

26.a   Briefwechsel zwischen der Herzogin von *** und der Fürstin von ***, ihrer Tochter.

Vierteljährliche Unterhaltungen. Herausgegeben von L. F. Huber: Tübingen, Cotta, 1804, St. 1, 189-206; St. 2, 88-101.

Note: In an undated letter to Taets van Amerongen quoted by Philippe Godet (*Journal de Genève,* 14 mai, 1906), mme de Charrière writes:

M. Huber, outre une gazette fort estimée, fait depuis peu un Journal intitulé: 'Vierteljährige Unterhaltungen'. Je lui ai envoyé pour son premier numéro un petit écrit qu'il a traduit et qui vient de paraître. La traduction en est fidèle et agréable, mais la chose elle-même me paraissait médiocre, parce qu'elle n'avait point d'ensemble, excepté dans ma tête. C'est un de mes grands défauts: une idée me vient, et je la suis, sans m'apercevoir que pour d'autres rien n'est plus incohérent, ni plus décousu [. . .] Après avoir envoyé les 'Six lettres de deux Princesses' à M. Huber en le priant de les traduire et de les publier, je lui écrivis le lendemain qu'elles ne valaient rien du tout et qu'il pouvait les brûler sans que je m'en plaignisse. Elles ont paru. J'ai reçu le journal; alors j'ai voulu continuer et faire mieux! . . . Il y a déjà plusieurs heures que cela est parti, et je n'en suis pas encore dégoûtée.

(Cf. Godet, ii.363-64, Where the 'Lettres d'une princesse héréditaire d'Allemagne' are mentioned, but presumed to be unpublished).

Copies: BL (12249. b. 7), BSM, Mar, S (Cd 129704).

27   *Sir Walter Finch et son fils William*   1806

27.a   SIR WALTER FINCH / ET / SON FILS WILLIAM. / Par Madame De Charrière, / Auteur des *Lettres écrites de* / *Lausanne,* et de plusieurs autres / Ouvrages. / [*publisher's monogram*] / A GENÈVE, / Chez J. J. Paschoud, Imprimeur- / Libraire. / [*swelled rule*] / 1806.

Half-title:] SIR WALTER FINCH / ET / SON FILS WILLIAM.

12°   (154×90 mm cut)   A-H¹² $6 signed (–B6, G6).

pp.[1] half-title, [2] blank, [3] title, [4] blank, [5]-184 text, [1]-[6] advertisements, [7]-[8] blank.

Catchwords: 48 m'épargner   72 à   96 Ralph,   120 grave?   144 déserte   168 Vous

Typography: p.37 misnumbered 36; p.137 misnumbered 157.

Paper: white laid.   No watermark apparent.

Note: The work was published on the initiative of M. Willemin, professeur de belles lettres at Neuchâtel, to whom mme de Charrière gave the manuscript shortly before her death. It had been written originally to be published in an almanach des dames which Cotta had planned for 1800. However, Cotta changed his plans, and the work had been refused by Oelsner, Manget and Buisson before the author gave it to Willemin (Godet, ii.322).

Copies: B (L 186, L 4943), BCU (M 3204), BN (Y² 22411), BPU (Hf 898), DSB (Xy 4738), N (ZR 675, ZR 675bis), NjP, Z.

2

Collections

28.a(1)   L'ABBÉ DE LA TOUR / OU / RECUEIL DE NOU
VELLES / ET / AUTRES ECRITS DIVERS. / TOM. I. / [*rule*] / A
LEIPSIC, / CHEZ PIERRE PHILIPPE WOLF, / 1798.

Facing title:] TROIS FEMMES, / NOUVELLE / DE / L'ABBÉ DE
LA TOUR. / [*short rule*] / *Cogitans dubito.* / [*short rule*] / SECONDE
EDITION / ornée de sept estampes dessinées par Legrand, / et gravées à
Paris par les meilleurs artistes. / [*rule*] / A LEIPSIC, / CHEZ PIERRE
PHILIPPE WOLF, / 1798.

8°   (185 × 105 mm cut) π^2 a-u^8 x^2 χ1   \$1 signed.

pp.[i] blank, [ii] facing title, [iii] title, [iv] blank, [1]-10 Introduction,
[11]-175 text, Part I, [176] blank, [177] fly title: TROIS FEMMES /
[*short ornamental rule*] / SECONDE PARTIE., / [178] blank, [179]-
323 text, Part II, [324] imprint: 'Imprimé par Obell, Fussli et Com-
pagnie à Zuric', [325] Errata, [326] blank.

Engravings: Six engravings by P. Legrand: frontispiece and to follow
pp.52, 66, 112, 146, 321. No copy has been found with more than six
engravings.

Catchwords: 16 Jose-   32 de   48 En   64 et   80 char-   96 le   112 de
128 gne.   144 moi,   160 tenoient   192 geant   208 Quoi!   224 fait
240 en   256 Rien   272 contentée   288 noisse   304 le   320 retomber

Typography: p.191 misnumbered 192 in some copies; pp.268-69 misnumbered 168-69.

See illustration.

28.a(2)   L'ABBÉ DE LA TOUR / . . . TOM. II. / . . . 1798.

π^2 a-q^8 r^8 (−r8)   \$1 signed.

pp.[i] title, [ii] blank, [iii] fly title: HONORINE D'USERCHE, /
NOUVELLE, / DE / L'ABBÉ DE LA TOUR. / SUIVIE / DE TROIS
DIALOGUES. / [*rule*] / A LEIPSIC, / CHEZ PIERRE PHILIPPE

WOLF, / 1798., [iv] blank, [1] Half-title: HONORINE D'USERCHE. / [ii] blank, [iii]-x Introduction, [1]-191 text of *Honorine d'Userche*, [192] blank, [193] fly title: DE L'ESPRIT ET DES ROIS. / TROIS DIALOGUES., [194] blank, [195]-289 text of *De l'Esprit et des rois*, [290] blank.

Catchwords: 22 "ma 38 cheveux, 54 ne 70 à 86 te- 102 "d'au-118 ces 134 pre- 150 "je 166 nés 182 qu'on 198 de 214 donc 260 rects. 276 stabilité

Typography: pagination runs directly from 214 to 245 (i.e. no pp.215-44).

28.a(3)   L'ABBÉ DE LA TOUR / . . . TOM. III. / . . . 1799.

π² a-u⁸ x⁶ $1 signed.

pp.[i] title, [ii] blank, [iii] fly title: SAINTE ANNE / ET / LES RUINES DE YEDBURG. / [*rule*] / A LEIPSIC, / CHEZ PIERRE PHILIPPE WOLF, / 1799., [iv] blank, [1] half-title: SAINTE ANNE., [2] blank, [3]-197 text of *Sainte-Anne*, [198] blank, [i] fly title: LES RUINES DE YEDBURG., [ii] blank, [1]-131 text of *Les Ruines de Yedburg*, [132] Errata.

Catchwords: 16 vous 32 parc 48 de 64 race, 80 à 96 il 112 et 128 avoit 144 beaux, 160 Les 176 reprit 192 moiselle 8 vous 24 où 40 pitié 56 Impatient 72 Elles 88 pour 104 ivresse, 120 *Quelques*

Typography: p.93 in first part misnumbered 95.

Paper: vols. i-iii, white laid. *Watermark:* anchor and letters.

Note: The edition was printed at Zurich by Orell-Fussli, the financial side of the operation being assumed by Paul Usteri. The engravings were prepared at the author's expense (Godet, ii.275-78). There are various references in mme de Charrière's correspondence to the progress of the edition through the press. For example, in August 1798 she wrote to Benjamin Constant: 'les *Trois femmes* viennent d'être imprimées à Zuric en beaux caractères, sur beau papier & sans aucune faute bien ridicule qui gâte le sens [...] Les *Trois femmes* attendent des gravures. *Honorine*, déjà imprimée aussi attend pour completer le

L'ABBÉ DE LA TOUR

OU

RECUEIL DE NOUVELLES

ET

AUTRES ECRITS DIVERS.

TOM. I.

A LEIPSIC,

CHEZ PIERRE PHILIPPE WOLF,

1798.

volume, *Trois dialogues*. On imprime *Ste Anne* [...] on imprime ensuite les *Ruines de Yedburg*.' On 11 January she wrote to the same correspondent: 'J'ai voulu vous avertir que j'ai corrigé hier la dernière feuille du petit recueil & que le 15 janvier les estampes doivent être envoyées à Pougens, rue Thomas du Louvre et à M. Usteri à Zurich' (MSS Constant, BCU).

The engravings are signed as follows: (1) 'P. Legrand delit. Duplessi Bertaux et PP. Choffard Sculpnt', (2) 'Le Grand Del. J. Couché Sculp', (3) 'Le Grand, Del. J. Couché Sculp', (4) 'Le Grand, Del. Duplessi Bertaux et PP. Choffard sculpnt', (5) 'Le Grand delit. Duplessi Bertaux et PP. Choffard sculpnt', (6) 'P. Legrand delt. Duplessi Bertaux et PP. Choffard Sculpnt'.

According to Quérard, following Usteri, 'Cet ouvr. a été réimpr., ou peut-être mieux, reproduit, à Genève en 1801, également en 3 vol. in-8, sous le titre d'*Œuvres de madame Charrières*'. This would seem to be a ghost.

Copies: BCU (AA 1577), BN (16° Z 12627, vols. i-ii), BPU (S 6524, without engravings; Ariana 1674, vol. ii), LU (vols. i-ii), N (ZR 678, ZR 910), Oron.

28.b(1) SAINTE-ANNE / ET / HONORINE D'UZERCHES. / PAR Madame de CHARRIÈRE, Auteur des / Lettres Ecrites de Lausanne, de Sir / Walter-Finck, etc. / TOME PREMIER. / A PARIS, / Chez A. NEPVEU, Libraire, Passage des / Panoramas, N° 26. / [*short swelled rule*] / 1808.

Half-title:] SAINTE-ANNE / ET / HONORINE D'UZERCHES.

Collation as for 28.a(3).

pp.[i] half-title, [ii] advertisement, [iii] title, [iv] blank, [1]-[198] ... as for 28.a(3).

28.b(2) SAINTE-ANNE / ... TOME SECOND. / ... 1808.

Half-title:] SAINTE-ANNE / ET / HONORINE D'UZERCHES.

Collation as for 28.a(2).

pp.[i] half-title, [ii] blank, [iii] title, [iv] blank, [1]-x, [1]-[290] as for 28.a(2).

28.b(3)   LES TROIS / FEMMES, / Par Madame de Charrière, Auteur des / Lettres Ecrites de Lausanne, de Sir / Walter-Finck, etc. / ORNÉ DE SEPT GRAVURES. / a Paris, / Chez A. Nepveu, Librairie, Passage des / Panoramas, N°. 26. / [*short swelled rule*] / 1808.

Half-title:] LES TROIS / FEMMES.

Collation as for 28.a(1).

pp.[i] half-title, [ii] advertisement, [iii] title, [iv] blank, [1]-326 as for 28.a(1).

Paper: vols. i-iii, white wove.   *Watermark:* LOWEN and I. G. de R. IM.HOF.

Note: This is a reissue of item 28.a(1-3).

Copies: BPL (LL 2256, vols. i.ii), BPU (Ariana 2127, vol. iii; Hf 2583, vols. i-ii; Hf 2690, vol. iii), N (ZR 673, vol. i; ZR 935, vols. i-ii), SA (AB 41939, vol. i).

28.c(1)   HONORINE D'USERCHE; / SUIVIE DE / SAINTE ANNE, / ET / LES RUINES DE YEDBURG; / PAR / MADAME DE CHARRIÉRE, / AUTEUR DES "LETTRES ECRITES DE LAUSANNE," / &c. / [*dash*] / TOME PREMIER. / [*dash*] / À LON DRES, / CHEZ COLBURN, LIBRAIRE, / No. 50, Conduit Street, / *New Bond-Street.* / [*dash*] / 1808.

12°   (170×100 mm cut)   [A]⁶ B-G¹² H⁶ I⁴(—I4) $1, 2, 5 signed (—H5, I2) On direction line $1: VOL.I.

pp.[i]-[ii] blank, [iii] title, [iv] imprint: 'De l'Imprimerie de Richard Taylor et Co. Shoe Lane', [v]-xii Introduction, [13]-174 text of *Honorine d'Userche* (first part).

Catchwords: None.

28.c(2)   [*Title page missing in copies inspected*]

12°   B-G¹² H⁸ (—H8) $1, 2, 5 signed (—D5, H5)   On direction line $1: VOL.II.

pp.[1]-30 text (continuation) of *Honorine d'Userche*, [31] fly title: SAINTE ANNE., [32] blank, [32]-158 *Sainte-Anne* (first part).

Catchwords: None.

28.c(3)   HONORINE D'USERCHE; / . . . TOME TROISIEME. . . . 1808

12°   [A]1 B-H¹² I⁶ K1 $1, 2, 5 signed (–I5)   On direction line $1: VOL. III.

pp.[i] title, [ii] blank, [1]-63 *Sainte-Anne* (continued), [64] blank, [65] fly title: LES RUINES DE YEDBURG., [66] blank, [67]-182 *Les Ruines de Yedburg*.

Catchwords: None.

Note: Reprinted from item 28.a(2-3).

Copies: BL (1607/1987, title pages missing to vols i and ii), N (ZR 744, title page wanting to vol. ii).

28.d(3)   LES / TROIS FEMMES / PAR Mᵐᵉ. DE CHARRIÈRE / Auteur des Lettres écrites de Lausanne, de / Sir Walter-Finck, de St.-Anne et Hono- / rine d'Uzerches, etc., etc. / ORNÉ DE SIX GRA VURES, / PAR Duplessis Bertaux, Choffard et Couché, / d'après les Dessins de Legrand. / [*short rule*] / *Cogitans dubito*. / [*short rule*] / PARIS, / Chez A. NEPVEU, Libraire, Passage des / Panoramas, Nᵒ. 26. / [*short swelled rule*] / 1809.

Collation and contents as for 28.b(3).

This edition is made up of the remainder sheets of 28.b(3), with the same engravings and a new title page and half-title.

Reviewed in *Le Publiciste*, 2 avril 1809 by P[auline de Meulan].

The edition exists in two states: one as described above; the other without engravings and ORNÉ DE SIX GRAVURES omitted from the title page.

Copies: [1] B (L 10134 Rés), BL (012548. eee. 4), Bx, MH.
    [2] N (ZR 935(3)).

See illustration.

29.a Lettres neuchâteloises. Mistriss Henley. Le Noble. Par Madame
de Charrière, avec une préface de Philippe Godet. Genève: A. Jullien,
1908.

8° pp.xix, 194.

30.a Four Tales of Zélide. Translated by S.M.S. London: Constable,
1925.

8° pp.xxix, 263. Frontispiece (portrait), illus. Introduction by Geoffrey
Scott.

*Contents: The Nobleman, Mistress Henley, Letters from Lausanne,
Letters from Lausanne-Caliste.* Translated [and abridged] by Sybil M.
Scott.

30.b Four Tales ... New York: C. Scribner's Sons, 1925.

American issue of 30.a

31.a Madame de Charrière. *Pensées choisies et précédées d'un Avant-
propos* par Gabrielle Godet. Lausanne, etc.: Payot, 1928. (Collection
des glanes romandes).

12° pp.111.

31.b Madame de Charrière. Pensées choisies. De mensen en hun
samenleving. Vertaald door A. Alberts. *Tirade,* n° 201 (Januari 1975),
pp.55-62.

Note: selected and translated from item 31.a.

LES

TROIS FEMMES

PAR Mme. DE CHARRIÈRE

Auteur des Lettres écrites de Lausanne, de
Sir Walter-Finck, de St.-Anne et Honorine d'Uzerches, etc., etc.

Cogitans dubito.

PARIS,

Chez A. NEPVEU, Libraire, Passage des
Panoramas, N°. 26.

1809.

32.a   Madame de Charrière. Lettres neuchâteloises suivie de Trois Femmes. Postface de Charly Guyot. [Lausanne]: Bibliothèque romande, [1971].

194×137 mm   pp.254.

33.a   Belle van Zuylen. De edelman *en* Mrs Henley *gevolgd door* Madame de Charrière ontvangt *van Marc V. Grellet.* Amsterdam: Meulenhoff, [1975].

200×125 mm   pp.127.

Dutch translations by Robert Egeter van Kuyk: *De edelman, Een verhal,* pp.7-34; *Mrs Henley,* pp.35-79.

3

Works of other writers
containing pieces by Isabelle de Charrière

34 *Seconde partie des Confessions de Jean-Jacques Rousseau* 1790

34.a   Seconde Partie des Confessions de J.J. Rousseau, Citoyen de Genève. Edition enrichie d'un nouveau recueil de ses Lettres. Tome III. A Neuchatel, de l'Imprimerie de L. Fauche-Borel, Imprimeur du Roi. M.DCC.XC.   8°   pp.xx, 439.

Note: 'Si quelque jour la nouvelle édition des *Confessions* vous parvient, sachez que l'avertissement du libraire est de moi, l'épître à M. Du Peyrou aussi de moi (mais l'idée d'en faire une n'est pas de moi, elle est bien de Louis Fauche-Borel); ensuite vous reconnaîtrez bien encore quelques mots, quelques phrases, mais vous garderez pour vous cette reconnaissance, sans en dire un seul mot' (Letter from mme de Charrière to Benjamin Constant, Godet, i.428; see also, for her involvement in Du Peyrou's edition of Rousseau's *Confessions*, Godet, i.426ff.).

The pieces to which mme de Charrière refers are the following:

Avis du Libraire, pp.[v]-vj.

A M. Du Peyrou. Signed: 'Louis Fauche-Borel, *Imprimeur du Roi*', pp.[vii]-viij.

Copies: BN (Z 36421), BPU (Hf 4963).

34.b   Seconde Partie . . . Tome III. A Neuchâtel, de l'Imprimerie de L. Fauche-Borel . . . M.DCC.XC. 12° pp.xxiii, 378.

Avis du Libraire, pp.[v]-[vi].

A. M. Du Peyrou, pp.[vii]-[viii].

Copy: BPU (Hf 4448).

34c.   Seconde Partie . . . Tome III. A Neuchâtel, de l'Imprimerie de L. Fauche-Borel, Imprimeur du Roi. Et se trouve à Paris chez Mrs Bossange & Comp. Libraires, rue des Noyers, N°.33. M.DCC.XC 8° pp.xx, 439.

Avis du Libraire, pp.[vi]-vj

A M. Du Peyrou, pp.[vii]-viij.

Copy: BL (631. f24).

34.d Seconde Partie . . . Tome III. A Neuchâtel, de l'imprimerie de L. Fauche-Borel . . . A Genève, chez Jean-Emmanuel Didier, Libraire. M.DCC.XC 8° pp.xx, 439.

Copy. BPU (Hf 2592).

35   *L. F. Huber's sämtliche Werke*   1810

35.a L. F. Huber's sämtliche Werke seit dem Jahre 1802. Zweiter Theil. Tübingen, in der J. G. Cotta'schen Buchhandlung. 1810. 8°. pp. [ii], 484.

On pp.69-104: Briefe zwischen Huber und Fr. von C. gewechselt vom Jahre 1793 bis 1798.

Contents: p.[69] fly title, [70] blank, 71 introductory note by the editor, 72-75 Huber an Frau v.C., Neuchatel im August 1793, 75-77 Fr. v. C. an Huber, C. den 23 August 1793, 77-81 Huber an Fr. v. C., Neuchatel, den 27. Oktober 1793, 81-82 Fr. v. C. an Huber, C. den 6. März 1794, 82-85 [Huber to mme de Charrière], Neuchatel, den 7. März 1794, 85-89, Frau v. C. an Huber, C. den 4. Jenner 1796, 89-91 Huber an Fr. v. C., Bole, den 5. Jenner 1796, 91-94 Fr. v. C. an Huber, C. den 6. Jenner 1796, 94-98, Fr. v. C. an Huber, C. im September 1797, 98-104 Huber an Fr. v. C., Tübingen, den 11. April 1798.

Note: Huber's *Sämtliche Werke*, 4 vols, Tübingen, 1806-1819, were edited by his widow, Therese Huber. The contents of the letters, along with the editor's introduction, which refers to Frau v. C. as the abbé de la Tour, leave no doubt with regard to their authorship.

Copies: BL (12251. c. 11), BN (Z 35983), SA, T (Kf IV 87).

Appendices

Appendix A

Works possibly by Isabelle de Charrière[1]

A1   LES / *DEUX FAMILLES* / CONTE [1789]

8° (185 × 115 mm cut)   A⁸   A2-A4 signed.

pp.[1] title, [2] blank, [3]-15 text, [16] blank.

Note: Attributed to Isabelle de Charrière by Godet. She never refers to the work, but it is in a collection formed by Chambrier d'Oleyres with binder's title: *Œuvres de Madame Charières* [*sic*] (cited by Godet, ii.408). The date of the work is uncertain; Godet suggests 1789.

Copies: N(QD 1789), Z (bound with copy of 12.f(1-2)).

A2   Political memoir in defence of the canton de Vaud, [1796]

The following passage (indicated by Godet, ii.272) is quoted from E.-H. Gaullieur, *Etudes sur l'histoire littéraire de la Suisse française,* Genève, 1856 (pp.169-70):

Mme de Charrière, qui avait réellement à cœur le bien des populations suisses au milieu desquelles elle vivait, crut devoir écrire, en 1796, au Gouvernement de Berne, une défense ou apologie du Pays de Vaud. Elle indiquait au patriciat bernois les moyens par lesquels il pouvait encore, en proclamant les libertés réclamées par les Vaudois, se faire de cette nation un boulevard contre l'invasion française.

Although Gaullieur is notoriously unreliable, his information may be accurate on this occasion; at least Godet takes it seriously and wonders whether mme de Charrière is referring to this work when, in the context of a discussion of her hostility to 'la morgue que j'ai *vue* chez les Bernois dans le Pays de Vaud', she writes on 21 February 1798 to Chambrier d'Oleyres, 'Vous rappelez-vous, Monsieur, une petite brochure que je

---

[1] I have not included in this section the article written by Belle de Zuylen in 1764 for the *Mercure de France* or *L'Année littéraire*, since the available evidence would suggest that it was not in fact published. (See *Lettres de Belle de Zuylen à Constant d'Hermenches,* pp.45-47; 59.)

vous envoyai il y a quelques années? Elle ne fut point connue du tout'
(Godet, ii.272, note 1). However, the evidence for the existence of the
work remains thin.

A3   Letter to an English newspaper, [1796]

See item 18.b, note.

Appendix B

False attributions

B1 Le Mari sentimental

Samuel de Constant's novel (first published, n.p. 1783) was frequently ascribed to mme de Charrière at the time. The question is discussed in detail by Godet, i, chap. IX.

B2 Camille, ou lettres de deux filles célèbres de ce siècle

Also by Samuel de Constant (first published in 1785); ascribed to mme de Charrière by the NUC.

B3 Caroline de Litchfield

Isabelle de Montolieu's novel (first published in 1786) is ascribed to mme de Charrière by Goedeke.

B4 Histoire de Sara Burgerhart

The French translation which appeared in Lausanne in 1787 of the Dutch novel by E. Bekker (née Wolf) and A. Deken, is ascribed to mme de Charrière in *Belle de Zuylen et son époque* (Catalogue 1961), item 151. The question is fully discussed by H. A. Höweler, who demonstrates that the translation is by H. Rieu. 'De Franse vertaling van 'Sara Burgerhart', *Documentatieblad*, Nr. 9 (November 1970); Nr. 10 (Februari 1971).

Appendix C

Pamphlet replies

C1 Justification de M. Henley, adressée à l'amie de sa femme, Yverdun, 1784. 8° pp.50.

See also item 3.b and note. Author anonymous. Discussed by Godet, i.271-72.

Copies: B (L 4935), N (750d, Philippe Godet's copy).

C2 Lettres de Salomée à Jaqueline, ou The Sentimental Tavern-Wooman. Ne forçons point notre talent, Nous ne ferions rien avec grace. La Fontaine. Versoix, 1784. 12° pp.23.

Author anonymous. Attacks *Le Mari sentimental* and *Mistriss Henley*. Discussed by Godet. i.273-74.

Copy: N (ZR 750e, Philippe Godet's copy).

C3 *Caption title:*] Lettres écrites de Colombier, près de Neuchâtel. Pour servir de Supplément aux Lettres Neuchâteloises. 8° pp.7.

Author anonymous. Directed against the *Lettres écrites de Lausanne*. Discussed by Godet, i.313-15.

Copy: N (ZR 748).

C4 *Caption title:*] Lettre écrite de la Cheneau de Bourg, sur les Lettres de Lausanne et de Colombier. 8° pp.7.   Signed at end: 'S.N., Lausanne le 23 Juin 1785'.

Author anonymous. Discussed by Godet, i.315-16.

Copy: N (ZR 751).

C5   Lettre d'un étranger, à une Dame de Lausanne, sur quelques nouveautés littéraires du Pays. 12°   pp.[12].   Dated at end of text: 'A Lausanne, ce 28 Juillet 1785'.

This anonymous defence of the *Lettres écrites de Lausanne* is discussed by Godet, i.316-18, who tentatively suggests the author may be de Salgas.

Copy: BCU (B 1563).

C6.a   Lettre d'un voyageur françois, Ecrite de Zurich, A M. B... A Paris, au mois de septembre 1788. A Cologne, 1788. 8°   pp.65.

Includes (pp.45-65), Lettres d'une jeune Française arrivée à Lausanne pour confier à M. Tissot la guérison de son mari infirme, Conseiller au Parlement de Paris, écrite à M^de de C*** à sa maison de campagne, située sur le bord du lac d'Yverdon. Dated at beginning: 'A Lausanne, le 26 Mai 1788'. Follows the Letter to Bergasse, which is signed on p.44: 'G***. A Zurich, le 28 Septembre 1788'.

Attacks mme de Charrière's views on French politics in *Observations et conjectures politiques*. Attributed by mme de Charrière to the comte de Sanois, who disowned having anything to do with the work (see his *Questions proposées à toutes les assemblées par un membre de la noblesse de celle de Meaux*, 13 mars 1789, cited by Godet, i.399, note 3). The work is discussed by Godet, i.399-401.

Copy: Aa (L 340/K).

C6.b   Lettre d'un voyageur françois, Ecrite de Zurich, A M. Bergasse, à Paris. A Cologne, 1789. 8°   pp.65.

Reprint of item C6.a.

Copies: BL (R 310.(1)), BN (Lb^39 6561).

Bibliographical writings on Isabelle de Charrière

The following select list does not include the works listed on p.15 under 'Abbreviations'.

Booy, J. Th. de & Roland Mortier, 'Les années de formation de F. H. Jacobi, d'après ses lettres inédites à M. M. Rey (1763-1771) avec *Le Noble* de Madame de Charrière', *Studies on Voltaire* (1966), xlv.

Candaux, J.-D., 'La première œuvre de Belle de Zuylen et son édition par F. H. Jacobi', *Musée neuchâtelois*, 3e série, 5e année (1968), pp.49-61.

—, 'Note sur deux éditions mutilées de madame de Charrière', *Revue des sciences humaines* (1970), xxxv.87-92.

—, 'Editions originales ou anciennes d'œuvres de madame de Charrière dans les bibliothèques de Suisse romande', *Documentatieblad*, Nr. 25 (Oktober 1974), pp.3-12.

—, 'Répertoire chronologique des éditions d'Isabelle de Charrière conservées dans les principales bibliothèques de la Suisse, 1771-1809', *Musée neuchâtelois*, 3e série, 15e année (1978), pp.49-62.

Dubois, Simone, 'Documentatie over Belle van Zuylen', *Documentatieblad*, Nr. 13 (November 1971), pp.5-19.

Gaullieur, E. -H., *Etudes sur l'histoire littéraire de la Suisse française*, Genève, Paris 1856.

Godet, Philippe, 'Documents inédits concernant madame de Charrière', *Journal de Genève*, 14 mai 1906.

Hermann, Denise, 'La première édition des "Trois femmes" de Mme de Charrière', *Etudes de lettres* (1938), xii.76-89.

Höweler, H. A., 'De Franse vertaling van 'Sara Burgerhart', *Documentatieblad*, Nr. 9 (November 1970), pp.238-46; Nr. 10 (Februari 1971), pp.273-74.

Kimstedt, Charlotte, *Frau von Charrière (1740-1805), ihre Gedankenwelt und ihre Beziehungen zur französischen und deutschen Literatur*, Berlin 1938. (*Romanische Studien*, Heft 48). Bibliography on pp.96-100.

Lonchamp, F.-C., 'Madame de Charrière et son roman "Trois femmes"', *Le Mois suisse*, 2e année, n° 21 (décembre 1940), pp.151-163.

Bibliographical writings on Isabelle de Charrière

Usteri, Paul, 'Charrière (Mme de St-Hyacinthe de)', *Biographie universelle*, viii, Paris 1813.

The following exhibition catalogues contain much valuable information:

Belle de Zuylen et son époque. Institut néerlandais, Paris, 3 mars-10 avril 1961; Rijksmuseum, Amsterdam, 21 avril-4 juin 1961.
Catalogue de l'exposition Belle van Zuylen-Isabelle de Charrière, 1740-1805. 15 septembre-20 octobre 1974, Château de Zuylen, Maarssen (Utrecht).

Chronological index

1787

Lettres écrites de Lausanne, première partie, Genève-Paris Prault. Item 4.c(1)

Caliste, ou: suite des Lettres écrites de Lausanne, Genève-Paris: Prault. Item 4.c (2)

Caliste, ou continuation des Lettres écrites de Lausanne, seconde partie, Genève-Paris: Prault. Item 4.d(2)

Considération sur l'affaire des canoniers français, [Verrières: Witel]. Item 5.a(1)

Lettre d'un négociant d'Amsterdam, [Verrières: Witel]. Item 5.a(2)

Réflexions sur la générosité et sur les princes, [Verrières: Witel]. Item 5.a(3)

Lettre d'un Milanais à un Parisien, [Verrières: Witel]. Item 5.a(4)

Lettre d'un Anglais à M. Ch.B. Noble hollandais, [Verrières: Witel]. Item 5.a(5)

Le Noble. Conte. *Bibliothèque choisie*, Paris: Royez. Item 1.d

1788

Lettres écrites de Lausanne, première partie, Genève-Paris: Prault. Item 4.e(1)

Caliste ou suite des Lettres écrites de Lausanne, seconde partie. Genève-Paris: Prault. Item 4.e(2)

Lettre sur l'édit concernant les Protestans, [Verrières: Witel]. Item 5.a(6)

Continuation de la lettre d'un Anglais, à M. Ch.B. Noble hollandais, [Verrières: Witel]. Item 5.a (7)

Observations et conjectures politiques, Verrières: Witel. Item 5.b

Lettres écrites de Lausanne, première partie . . . seconde partie, Genève-Paris: Prault. Item 4.f (1-2)

Caliste ou continuation des lettres de Lausanne, Genève. Item 4.f *bis*

Bien-né, nouvelles et anecdotes, apologie de la flatterie, Paris. Item 5.c

Bien-né, nouvelles et anecdotes, apologie de la flatterie, Paris. Item 5.d

Les Phéniciennes, Neuchâtel: Société typographique. Item 6.a

Le Noble. Conte. *Bibliothèque choisie*, Paris: Royez. Item 1.e

1789

Lettre d'un évêque françois à la nation. [Neuchâtel: Fauche-Borel]. Item 7.a(1)

Seconde lettre d'un évêque françois à la nation, [Neuchâtel: Fauche-Borel].
Item 7.a(2)

Troisième lettre d'un évêque françois à la nation, [Neuchâtel: Fauche-Borel].
Item 7.a(3)

Quatrième lettre d'un évêque françois à la nation, [Neuchâtel: Fauche-
Borel]. Item 7.a(4)

Cinquième lettre d'un évêque françois à la nation, [Neuchâtel: Fauche-
Borel]. Item 7.a(5)

Sixième lettre d'un évêque françois à la nation, [Neuchâtel: Fauche-Borel].
Item 7.a(6)

Epigrammes de la mouche du coche [Neuchâtel: Spineux]. Item 8.a

Plainte et défense de Thérèse Levasseur, [Neuchâtel: Fauche-Borel]. Item 9.a

[Les deux familles. Conte]. Appendix A.1

1790

Eclaircissemens relatifs à la publication des Confessions de Rousseau, [Neu-
châtel: Fauche-Borel]. Item 10.a

Eloge de Jean-Jacques Rousseau, Paris: Grégoire, 8°. Item 11.a

Eloge de Jean-Jacques Rousseau, Paris: Grégoire, 12°. Item 11.b

Avis du libraire; A M. Du Peyrou, in: *Seconde partie des Confessions de J.J.
Rousseau*, III. Items 34.a-d

1791

Aiglonette et Insinuante. Conte, [Neuchâtel: Fauche-Borel]. Item 12.a

Lettre à M. Necker . . . suivie d'Aiglonette et Insinuante, [Paris]. Item 12.b

1792

Cecilie und Kalliste, oder Briefe aus Lausanne, Bayreuth: im Verlag der
Zeitungsdruckerey. Item 4.g(1-2)

1793

Lettre d'un François, et réponse d'un Suisse, [Neuchâtel: Fauche-Borel]. Item
13.a(1)

Suite de la correspondance d'un François et d'un Suisse, [Neuchâtel: Fauche-
Borel]. Item 13.a(2)

Seconde suite de la correspondance d'un Suisse et d'un François, [Neuchâtel: Fauche-Borel]. Item 13.a(3)

Troisième suite de la correspondance d'un Suisse et d'un Français, [Neuchâtel: Fauche-Borel]. Item 13.a(4)

Lettres trouvées dans des porte-feuilles d'émigrés, [Lausanne: Durand]. Item 14.a

1794

L'Emigré, comédie en trois actes. Item 15.a

Schweizersinn, ein Lustspiel in drei Aufzügen. *Friedens-Präliminarien*, Bd.ii. Item 15.b

Schweizersinn, ein Lustspiel in drei Aufzügen, Berlin: Voss. Item 15.c

Briefe aus den Papieren einiger Emigrirten. *Friedens-Präliminarien*, Bd.iii-iv. Item 14.b

Der Trostlose, ein Lustspiel in einem Aufzuge. *Friedens-Präliminarien*, Bd.iv. Item 16.a

Der Trostlose, ein Lustspiel in einem Aufzuge, Berlin: Voss. Item 16.b

1795

Alphons und Germaine, oder Briefe aus den Papieren einiger Emigrirten, Berlin: Voss. Item 14.c

Eitelkeit und Liebe, ein Lustspiel in drei Aufzügen. In: *Neueres Französisches Theater*, Bd.i. Item 17.a

Eitelkeit und Liebe, ein Lustspiel in drei Aufzügen, Leipzig: Wolf. Item 17.b

Drei Weiber, eine Novelle von dem abbé de la Tour, Leipzig: Wolf. Item 18.a

1796

Les Trois femmes: nouvelle, Londres: Deboffe, Dulau. Item 18.b

Honorine von Userche, oder die Gefahr der Systeme, Leipzig: Wolf. Item 19.a

Du und Sie, ein Lustspiel in drei Aufzügen. In: *Neueres Französisches Theater*, Bd.ii. Item 20.a

Du und Sie, ein Lustspiel in drei Aufzügen, Leipzig: Wolf. Item 20.b

[Political memoir in defence of the canton de Vaud]. Appendix A2

[Letter to an English newspaper]. Appendix A3

1797

Les Trois femmes, nouvelle de M. L'Abbé de la Tour, Paris: Mourer et Pinparé. Item 18.c

Les Trois femmes, nouvelle de M. l'Abbé de la Tour, Paris: chez les libraires de nouveautés. Item 18.d

La Nature et l'art, roman, par Mistriss Inchbald, Paris [=Neuchâtel]. Item 22.a

Réponse à l'écrit du colonel de La Harpe, intitulé: De la neutralité des gouvernans de la Suisse depuis l'année 1789. Item 23.a

Le Bavard. Item 21

1798

Die Ruinen von Yedburg. *Flora*, Bd.iii-iv. Item 24.a

L'Abbé de la Tour ou recueil de nouvelles et autres écrits divers. Vols i-ii. Item 28.a(1-2)

Eitelkeit und Liebe. *Neue Sammlung Deutscher Schauspiele*, Bd.4. Item 17.b *bis*

Du und Sie. *Neue Sammlung Deutscher Schauspiele*, Bd.12. Item 20.b *bis*

1799

L'Abbé de la Tour ou recueil de nouvelles et autres écrits divers. Vol.iii. Item 28.a(3)

Letters written from Lausanne, London: Dilly. Item 4.h(1)

Cécile, tiré des Lettres de Lausanne. *Nouvelle bibliothèque universelle des romans*. Item 4.h *bis*

1800

Babet von Etibal, Leipzig: Weigel. Item 25.b

1801

Die verfallene Burg, Leipzig: Weigel. Item 24.c

1803

Le Mari sentimental [including Lettres de Mistriss Henley], Genève: Paschoud. Item 3.c

1804

Briefwechsel zwischen der Herzogin von *** und der Fürstin von ***, ihrer Tochter. *Vierteljährliche Unterhaltungen*, St. 1-2. Item 26.a

1806

Die verfallene Burg, Leipzig: Hinrichs. Item 24.d
Babet von Etibal, Leipzig: Hinrichs. Item 25.c
Sir Walter Finch et son fils William, Genève: Paschoud. Item 27.a

1807

Caliste, ou Lettres écrites de Lausanne. Nouvelle édition, Genève: Paschoud. Item 4.i(1-2)
Lettres écrites de Lausanne. . . Caliste, ou suite des Lettres écrites de Lausanne, Genève-Paris: L'Huillier. Item 4.j(1-2)
Lettres écrites de Lausanne. . . Caliste, ou suite des Lettres écrites de Lausanne, Genève: Manget et Cherbuliez. Item 4.k(1-2)

1808

Sainte-Anne et Honorine d'Uzerches. . . Sainte-Anne, tome second. . . Les Trois femmes, Paris: Nepveu. Item 28.b (1-3)
Honorine d'Userche; suivie de Sainte-Anne, et les Ruines de Yedburg, Londres: Colburn. Item 28.c(1-3)

1809

Les Trois femmes, Paris: Nepveu. Item 28.d(3)

1810

Letters published in *L. F. Huber's sämtliche Werke seit dem Jahre 1810*, Zweiter Theil, Tübingen: Cotta. Item 35.a

1819

Eitelkeit und Liebe, ein Lustspiel in drei Aufzügen. In: *Neueres Französisches Theater*, Bd.i. Item 17.c

Eitelkeit und Liebe, ein Lustspiel in drei Aufzügen, Neue Auflage, Frankfurt a.M.: Sauerländer. Item 17.d

Drey Weiber... Neue Auflage, Frankfurt am Main: Sauerländer. Item 18.h

Honorine von Userche, oder die Gefahr der Systeme... Neue unveränderte Auflage, Frankfurt am Main: Sauerländer. Item 19.e

Honorine d'Userche, Frankfurt am Main: Sauerländer. Item 19.f

Du und Sie, ein Lustspiel in drei Aufzügen. In: *Neueres Französisches Theater*, Bd.ii. Item 20.c

Du und Sie, ein Lustspiel in drei Aufzügen, Frankfurt: Sauerländer. Item 20.d

1822

Drey Weiber... Neue Auflage, Leipzig: Wolf. Item 18.i

1833

Lettres neuchâteloises, Neuchâtel: Imprimerie de Petitpierre et Prince. Item 2.c

1845

Lettres neuchâteloises. *Revue de Genève*, 21 juin-30 juillet. Item 2.d

Caliste ou Lettres écrites de Lausanne, Paris: Labitte. Item 4.l(1-2)

1853

Ernestine, Caliste, Ourika. . . Paris: Hachette. Item 4.m(2)

1906

L'Emigré, comédie en trois actes, Neuchâtel: Imprimerie Wolfrath & Sperlé. Item 15.d

1907

Lettres écrites de Lausanne. Histoire de Cécile. Caliste, Genève: Jullien. Item 4.n(1-2)

1908

Lettres neuchâteloises. Mistriss Henley. Le Noble. . . Genève: Jullien. Item 29.a

1909

Caliste, Paris: Sansot. Item 4.o(2)

1920

Plainte et défense de Thérèse Levasseur. *La Révolution française*, lxxiii. Item 9.b

1925

Four Tales of Zélide. Item 30.a-b

1928

Pensées choisies, Lausanne: Payot. Item 31.a
Le Mari sentimental suivi des Lettres de Mrs Henley, Editions des Lettres de Lausanne. Item 3.f

1942

De Geschiedenis van Caliste, Amsterdam: Veen. Item 4.q(2)
Trois femmes, nouvelle de l'abbé de la Tour, Lausanne: Lonchamp. Item 18.j

1943

Le Noble, [The Hague: Stols]. Item 1.h

1944

Mistriss Henley, [The Hague: Stols]. Item 3.g

1952

Mistriss Henley, Utrecht: Société De Roos. Item 3.h

1961

De Edelman. *Nieuwe Rotterdamse Courant*, 28-September-5 October. Item 1.i

1966

Le Noble. Conte. *Studies on Voltaire and the eighteenth century*, xlv. Item 1.j

1970

Julie ou la Nouvelle Héloïse. Lettres écrites de Lausanne, [Lausanne]: Editions
   Rencontre. Item 4.r(1-2)
Over satirische geschriften. *Tirade*, N° 162. Item 5.e

1971

Lettres neuchâteloises suivie de Trois femmes, [Lausanne]: Bibliothèque
   romande. Item 32.a

1972

Le Noble, 1762 (conte moral), in: *Les Romanciers libertins du XVIIIe siècle,*
  Paris: Editions rationalistes. Item 1.k

1975

Pensées choisies, de mensen en hun samenleving. *Tirade,* N° 201, Item 31.b
De Edelman en Mrs Henley, Amsterdam: Meulenhoff. Item 33.a

1976

Mistriss Henley, [Copenhagen]. Item 3.j

Alphabetical index